U0958720

中 国 纪 念 馆 故 事

丛书主编 沈 强 朱成山

韶山毛泽东同志纪念馆故事

主编 彭 艳

南京出版传媒集团
南京出版社

图书在版编目(CIP)数据

韶山毛泽东同志纪念馆故事／彭艳主编.—南京：南京出版社，2012.8
(中国纪念馆故事／沈强，朱成山主编)
ISBN 978-7-5533-0006-1

Ⅰ. 韶… Ⅱ. 彭… Ⅲ. ①毛泽东（1893～1976）—纪念馆—介绍—韶山市—青年读物 ②毛泽东（1893～1976）—纪念馆—介绍—韶山市—少年读物 Ⅳ. ①A757-49

中国版本图书馆CIP数据核字（2012）第157893号

丛 书 名： 中国纪念馆故事
丛书主编： 沈　强　朱成山
书　　名： 韶山毛泽东同志纪念馆故事
本册主编： 彭　艳
出版发行： 南京出版传媒集团
南 京 出 版 社
社址：南京市太平门街53号　　邮编：210016
网址：http://www.njcbs.com　　电子信箱：njcbs1988@163.com
联系电话：025-83283893、83283864（营销）　025-83112257（编务）

出 版 人： 项晓宁
出 品 人： 卢海鸣
责任编辑： 杨传兵　吴新婷
装帧设计： 乔　伊
策　　划： 博士工作室
责任印制： 杨福彬

制　　版： 南京展望文化发展有限公司
印　　刷： 南京京新印刷有限公司
开　　本： 718毫米×1000毫米　1/16
印　　张： 13
字　　数： 160千字
版　　次： 2012年8月第1版
印　　次： 2022年7月第3次印刷
书　　号： ISBN 978-7-5533-0006-1
定　　价： 40.00元

用微信或京东APP扫码购书

用淘宝APP扫码购书

营销分类：教育·旅游

丛书总序

中国纪念馆应成为开展公共外交的平台

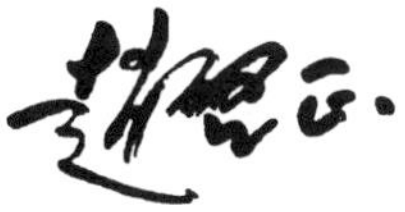

今年年初，成山同志邀请我为即将出版的《中国纪念馆故事》系列丛书作序，并告知中国目前已有1000多家各种类型的纪念馆。

纪念馆对国内观众是学习历史、缅怀先人、传承文化的重要场所，对外国观众则是中国开展公共外交不容忽视的平台。

公共外交和政府外交组成国家的整体外交。“简言之，中国公共外交的基本任务是向世界说明中国，促进外国公众认识真实的中国——包括中国的文化传统、社会发展、经济状况、政治体制和对内、对外政策等。”[*]在这当中，向世界说明中国的历史，尤其是说明近代史中的重大事件和历史人物是顺理成章的。

中国纪念馆应该成为开展公共外交的优势平台。随着我国社会经济的快速发展，中国国际交通的愈加便利，越来越多的外国人士来到中国。很多人到达一座城市，往往要参观各种各样的纪念馆，甚或在纪念馆座谈研讨、深入交流，以获得我国的历史文化知识和各种其他信息，从而加深对中国的了解，形成各种各样的印象。在纪念馆中参观交流的过程，实际上就是公共外交的实践过程，只是参与人可能并未意识到而已。当前，我国正处在文化事业大发展的时期，相信中国纪念馆的阵容会越来越强大，开展公共外交的前景会越来越宽阔。

中国纪念馆发展到今日已经具有开展公共外交的良好条件。

* 赵启正著:《公共外交与跨文化交流》，中国人民大学出版社2011年版。

更可贵的是，许多纪念馆已经有了强烈的开展公共外交的意识，十分注意跨文化交流的方法创新，主动为来馆的外国人服务。据悉，仅以侵华日军南京大屠杀遇难同胞纪念馆为例，去年共接待了563万观众，其中有40多万人次来自世界上95个国家。为此，他们不仅配备了12种语言的语音导览器和《展馆简介》，还专门招聘和培训了英、德、日、韩等语种的讲解员。该馆所有的展品和标识都用中、英、日三种文字标注。不仅如此，他们十分看重国际交流，经常在国内外组织和参加国际学术研讨会和史料展，不仅吸引了学者到会，也有南京大屠杀幸存者参加。这些年，他们到过日本、韩国、印度、孟加拉国、以色列、波兰、美国、意大利、丹麦、俄罗斯、菲律宾等国，进行了历史文化与和平友好的广泛交流。这些都属典型的公共外交活动。

各国纪念馆的设计都尽力协调对内和对外的传播。英国曾经在20世纪90年代的中后期，通过通商、观光（包括各种纪念馆）、文化振兴来强化公共外交。他们在发展旅游业的同时，没有忘记着力唤醒国民的自豪感，以此努力刷新英国“保守顽固的阶级社会”的旧国际形象。“9·11”事件以后，美国强调重振公共外交，注意到表达的手段要适合青少年。英美两国的这些做法，几乎与中国纪念馆的工作重点与对象完全一致，除了对外交流，还以本国青少年为对象进行教育，唤醒国民爱国主义的自豪感、责任感和自信心。

用讲故事的方式传播历史文化，开展公共外交，是一种好的方法。公共外交可以更为宽松、生动和灵活地采取多种形式在多种场合发出声音，讲述本国的“故事”。许多历史事件与文化现象往往比较复杂，如用心不够，讲解起来会枯燥、呆板。如果通过纪念馆忠于史实的再描述，把它们变成一个个有情、有景、有味、有吸引力的故事，再配之于一幅幅图片，使历史人物或者历史事件鲜活起来，才能易于人们，尤其是外国人听得明白。

出版这套书是一件值得肯定和支持的好事。我相信《中国纪念馆故事》的出版问世，一定会引起社会各界的重视，也为我国开展公共外交增添一抹亮丽的色彩。

（作者原为中国国务院新闻办公室主任，现任中国人民政治协商会议常委、外事委员会主任，兼任中国人民大学新闻学院院长）

目录

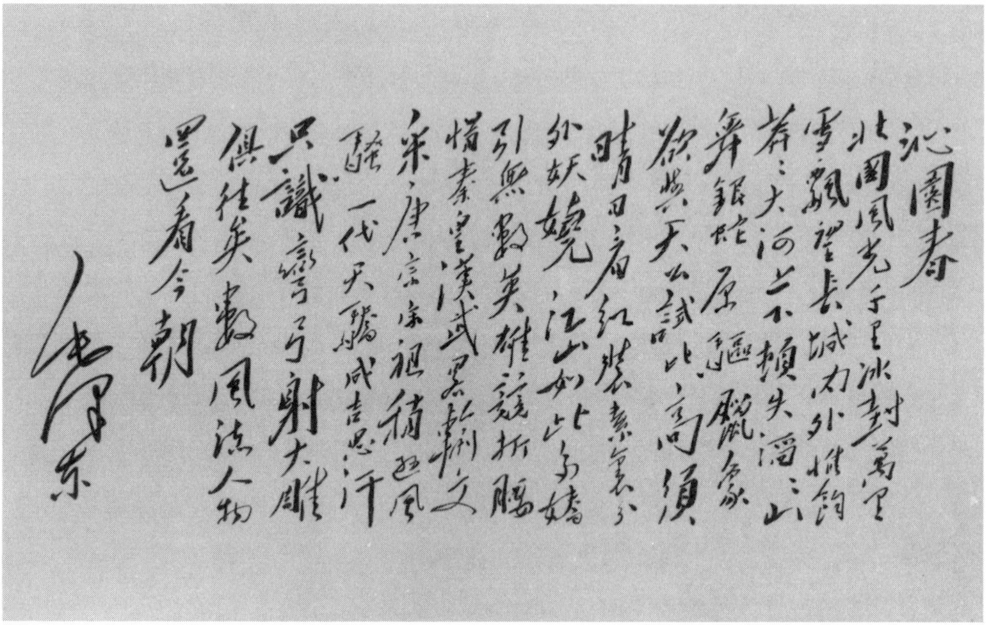
沁園春
北國風光千里冰封萬里
雪飄望長城內外惟餘
莽莽大河上下頓失滔滔山
舞銀蛇原驅蠟象
欲與天公試比高須
晴日看紅裝素裹分
外妖嬈江山如此多嬌
引無數英雄競折腰
惜秦皇漢武略輸文
采唐宗宋祖稍遜風
騷一代天驕成吉思汗
只識彎弓射大鵰
俱往矣數風流人物
還看今朝
毛澤東

前　言

中国出了个毛泽东是我们党的骄傲，是我们国家的骄傲，是中华民族的骄傲。

毛泽东主席离世已经30多年了，他的思想、业绩、魅力至今让人们感动，发生在毛泽东身上的每一个故事都承载着这种感动。虽然这些故事仅仅是毛泽东伟大一生的星星点点和沧海一粟，但我们可以通过这些小故事见人、见物、见事、见史、见精神。

《中国纪念馆故事——韶山毛泽东同志纪念馆故事》由中国博物馆协会纪念馆专业委员会牵头，韶山毛泽东同志纪念馆组织人员撰写，内容组成是与毛泽东紧密相关的文物故事、历史事件故事、韶山人物故事、韶山故事，其中文物故事以毛泽东遗物为本体，描述一代伟人毛泽东的生活习惯、生活情趣和生活状态；历史事件故事以时间为脉络，导入波澜壮阔的史事；韶山人物故事介绍诞生在韶山的英雄儿女，诠释“为有牺牲多壮志，敢叫日月换新天”的韶山精神；韶山故事讲述韶山文化和风土人情。

毛泽东思想是整整一个时代的精神火花，随着时间的推移，还在凝练、积淀和传承，我们只是一群稚嫩的迈步者，但愿这本小书能够纪念2013年，因为这一年是毛泽东主席120周年诞辰。

韶山毛泽东同志纪念馆
Shaoshan Mao Zedong Memorial Museum
毛泽东遗物馆
Mao Zedong Relic Museum

第一部分

与毛泽东相关的历史事件

机智护校

1914年春季，21岁的毛泽东成为湖南省第一师范的学生。第一师范对毛泽东的成长无疑产生了十分巨大的影响。他在这里打下了深厚的学问基础，开始形成自己的思想方法和政治见解，也获得了社会活动的初步经验，并完成了从学生、教员到职业革命家，从激进民主主义者到马克思主义者的转变。也正是在第一师范，毛泽东指挥“学生兵”护校护城，首次展示他不同凡响的军事才能。

那是1917年11月份，傅良佐被桂军谭浩明打败，仓皇逃往长沙，湘粤桂联军与北军王汝贤、范国章部在湘潭接火，北军败退，这个时候，谭浩明的部队还没有赶到长沙，城里只有一些警察。有关战事的谣言纷纷传开，老百姓惶惶不安。湖南一师位于长沙南郊，正是溃军北撤的必经之路，第一师范的学生也处在慌乱之中。

1913年的毛泽东

这一天，王汝贤的部队由株洲、湘潭一带沿粤汉铁路退败，到达离第一师范仅隔一里多的猴子石，这些溃兵只知道傅良佐已经逃走，不知道谭浩

毛泽东在一师的合影

明的部队是否到长沙，怕遭到广西部队伏击，不敢贸然进入长沙城，而是停留在猴子石铁路两旁。溃军到猴子石的消息传到第一师范，为了躲避溃军进校占屋、打劫抢掠、伤及学生，学校决定全体师生暂到城东五里的阿弥岭躲避一段时日。毛泽东得知消息后非常沉着、冷静，他赶到校长室，恳切希望校长不要“弃校”。毛泽东说：“外面战事混乱，外出躲避恐怕凶多吉少。学校一旦空虚，乱兵便会擅入打劫。因此，离校不如护校，只要利用学校墙高宅深的优势，加上学生护卫，即可保自身和学校无虞。”校方权衡再三，觉得毛泽东说的在理，决定采纳他的意见。

首先，毛泽东以学友会总务身份，找了几个学生“志愿兵”一起商议，将学校内所有的体育尖子以及胆大有勇的学生招集在一起，尽快组织起学生志愿军。接着，他号召同学们将教室里的桌椅、板凳搬出来，堵住学校的大门，自我保护的同时随时准备作战。同时，他还采取从前湖南农民护院的老办法，率领学生们将竹片削成十分锐利的锋尖，插在校园围墙上，并安排学生在各个通道处“持枪”站岗，且“昼夜巡逻，警卫非常”。而这些学生手中的武器，

湖南一师

仅是些普通农具和上操用的木枪、棍棒而已。毛泽东还赶到南区警察分局，说明溃军军心涣散，疲惫不堪，毫无战斗力，他已经将一师的学生组成志愿军，希望南区警察分局派遣配有真枪实弹的警察一起参战。毛泽东还与学监主任方维夏商议，请校长去湖南省商会筹办遣散溃兵的路费。

一切准备完毕，一师的100余名学生志愿军穿上平时操练的军装，与20余名荷枪实弹的警察一道，整齐地集合在操场上。月夜朦胧，远远望去，架势十足，就像一支全副武装的正规军。

等到夜深人静，趁着夜色，配有真枪实弹的警察在前，配有木枪的学生志愿军紧随其后，迅速向猴子石前进，到达目的地以后，选定隐蔽的藏身地点，毛泽东立即命令埋伏在山头上的警察鸣枪。持木枪的学生志愿军则在洋油桶里放鞭炮，从远处望去，军号阵阵，气势浩大。一场“激战”就这样打响了。

过了一会，毛泽东命令停止开枪，并让几个同学一遍遍高喊：“傅良佐走了，广西军已经进城！你们缴枪没事。”

溃兵们刚进入梦乡，被这突如其来的枪声、“炮声”、锣鼓声、呼喊声惊醒，顿时乱作一团。由于不知虚实，也未敢轻举妄动，也不敢抵抗。毛泽东摸透了溃军的心态，趁势派代表前去交涉。不一会，溃军纷纷缴械投降。凌晨，毛泽东将校长在湖南省商会筹的钱发给了缴械的溃军，每人3到5元，这些溃兵高高兴兴地乘火车北往武汉。

就这样，毛泽东兵不血刃地遣散了这支溃军队伍。学校保住了，长沙城也避免了一场浩劫。毛泽东机智果敢，不伤一人，一群手无寸铁的学生缴了军阀部队的枪，这本身就是个奇迹啊！一师的师生乃至长沙的警察，都夸毛泽东是"足智多谋，一身是胆"！并给他取了个外号，叫他"毛奇"。

多年后，毛泽东在与友人闲谈时言及此事，笑道："要说搞军事，恐怕那才真是第一次哩！"

（毛婉瑶）

《湘江评论》

五四运动汹涌的洪流，冲破了封建主义固守的堤坝，各种宣传新思潮的刊物如雨后春笋般涌现出来。为了更好地推动湖南爱国斗争和新思潮的宣传，毛泽东提出要创办一个新的刊物。1919年7月14日，由湖南学生联合会创办的毛泽东任主编的《湘江评论》正式出版。

此时的毛泽东，经历了第一次北京之行和五四运动的洗礼，已经从众多的主义和思潮中，越来越接受和认同马克思主义。他已不

湖南一师八班同学合影

再是一个文弱的书生，而更像一名无畏的战士，他用手中的笔做武器，向封建主义发出最勇敢、最激烈的挑战！

中華民國八年七月十四日
湘江評論
創刊宣言
西方大事述評

《湘江评论》

《湘江评论》的创刊宣言，毛泽东一开头就热情地为新思潮欢呼："自'世界革命'的呼声大倡，'人类解放'的运动猛进，从前吾人所不置疑的问题，所不遽取的方法，多所畏惧的说话，于今都要一改旧观，不疑者疑，不取者取，多畏缩者不畏缩了。这种潮流，任是什么力量，不能阻住。任是什么人物，不能不受他的软化。"他以痛苦的心情批评湖南人"浑浑噩噩"，只知最狭的一己和最短的一时，他以急切的心情呼唤他的湖南同乡："时机到了！世界的大潮卷得更急了！洞庭湖的闸门动了，且开了！浩浩荡荡的新思潮业已奔腾澎湃于湘江两岸了！顺它的生，逆它的死。如何承受它？如何传播它？如何研究它？如何施行它？这是我们全体湘人最切最要的大问题，即是《湘江》出世最切最要的大任务。"这是《湘江评论》的创刊宣言，更是此时毛泽东的政治宣言。

毛泽东在《湘江评论》启事中明确宣布"本报以宣传最新思潮为主旨"，这是该报的一大特色。1919年6月11日，陈独秀在北京被捕，引起社会的强烈不满。毛泽东立即在《湘江评论》上发表《陈独秀之被捕及营救》，热情地赞扬陈独秀高举民主、科学大旗，进行新文化启蒙运动的功绩。6月15日，长沙教育界人士成立健学会，毛泽东又撰文为之介绍呼吁，称之为湖南思想界"空前的创闻"。

毛泽东在《湘江评论》上最重要的一篇文章，是《民众的大联合》。“五四”前风起云涌的中国革命和世界革命斗争形势，使毛泽东看到了广大群众在改造世界中的伟大作用。由此他有了新的觉醒。于是，在《湘江评论》二、三、四期，毛泽东连载了长篇论文《民众的大联合》。

文章开头写到：“国家坏到了极处，人类苦到了极处，社会黑暗到了极处。补救的方法，改造的方法，教育、兴业、努力、猛进、破坏、建设，固然是不错，有为这几样根本的一个方法，就是民众的大联合。我们竖看历史，历史上的运动不论是那一种，无不是出于一些人的联合。较大的运动，必有较大的联合。最大的运动，必有最大的联合。”毛泽东精辟地分析了民众的大联合何以有如此大的力量，并研究了联合的种种方法。他急切地向全国人民呼吁：“于今却不同了，种种方面都要解放了。思想的解放，政治的解放，经济的解放，男女的解放，教育的解放，都要从九重冤狱，求见青天。”他勇敢而又清醒地向国人预言：“压迫愈深，反动愈大，蓄之既久，其发必速，……他日中华民族的改革，将较任何民族为彻底，中华民族的社会，将较任何民族为光明。……我们黄金的世界，光荣灿烂的世界，就在面前！”

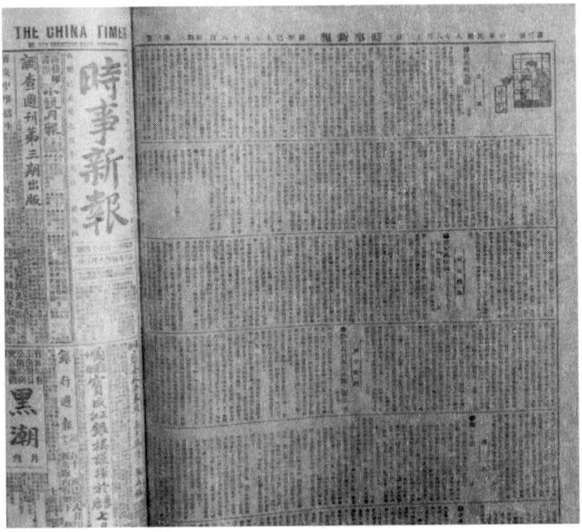
THE CHINA TIMES
時事新報
黑潮

《湘江评论》之《民众的大联合》

《民众的大联合》以它丰富深邃的思想，豪迈奔放的气概，引起了社会各界的注意。《每周评论》赞扬到：“《湘江评论》的长处是在议论一方面，《民众的大联合》一篇文章，眼光很远大，议论也很痛快，确是现今的重要文字。”《湘江评论》的出版，震动了当时的中国社会，创刊号印了2 000份，当天即被抢购一空。加印2 000份后，仍不能满足要求。有人说“《湘江评论》就是湖南的怒吼”，有人说“《湘江评论》就是湖南人民的声音，是吾湘前所未有之佳报”。

从新文化大旗的高举到五四爱国运动，从爱国运动再到新思潮的广泛传播，五四时期的中国社会掀起了滔天狂澜。这是一场对封建统治在政治上、思想上、文化上的猛烈冲击。在这滔滔洪流中，毛泽东引领时代的潮流，“到中流击水，浪遏飞舟”！

（胡　蓉）

新民学会

新民学会是在毛泽东的亲自组织下成立的。

辛亥革命以后，民众的思想为之一新。但是，各派军阀拥兵自重，独霸一方，为了争夺地盘，他们相互厮杀，使国家政局动荡不安。湖南是军阀南来北往的拉锯战场，战火连年不断，政治暮气已深，腐败已甚。面对黑暗的现实，在湖南省第一师范读书的青年毛泽东，怀着对现实的强烈不满和唤醒"犹在睡梦"中的人们的抱负，日益深切地感到"亲师而外，取友为急"，决心在改造自己的同时，肩负起改造社会的责任。他后来回忆说："我逐渐认识到有必要建立一个比较严密的组织。1917年，我和其他几位朋友一道，成立

湖南一师时期的毛泽东与同学合影

新民学会。”

当时，毛泽东和萧子升的友谊深厚。他们经常聚在一起，热烈地讨论国内时局，认为需要创办一个新的组织来改变中国，这种新的组织所激发出来的力量，将是崭新而强大的。于是，毛泽东署名“二十八画生”，写了一个启事致长沙各校学生组织。毛泽东后来回忆说：“这时我感到心情舒畅，需要结交一些亲密的同伴。有一天我就在长沙的一家报纸上登了一个广告，要求有志于爱国工作的青年和我联系。我指明了要结交刻苦耐劳、意志坚定、随时准备为国捐躯的青年。我从这个广告中一共得到了三个半人的回答。”

就这样，毛泽东逐渐在自己的周围团结了罗章龙、蔡和森、萧子升、张昆弟、萧三等一群有志青年。他们在一起谈天说地，憧憬未来，热切寻求救国救民的真理。经过数十次畅谈、讨论，通过心与心的交融和碰撞，成立社团的酝酿水到渠成。

1918年4月14日，毛泽东、萧子升、萧三、何叔衡等13人一起来到岳麓山下蔡和森租住的农舍院落里。大家围坐在一起，就毛泽东事先起草好的会章，以及经由蔡和森、萧子升最早提出、取自《大学》中的“大学之道在新民”寓意的“新民学会”会名进行了热烈的讨论，一致同意“新民学会”的会名和学会的章程，并选举学会的领导机构——干事会。大家共同推举毛泽东任总干事。毛泽东婉言谢绝，主动提议萧子升任总干事，他对大家说，自己任干事，多做一些具体的实质性工作。与会人员

新民学会旧址

对毛泽东给予理解，同意萧子升任新民学会的总干事，不久，萧子升去法国从事华法教育会工作，毛泽东成为新民学会的实际负责人。

在毛泽东的带领下，新民学会一成立就立即投入到反帝反封建的革命运动中，成为湖南反帝反封建革命运动的核心组织，会员们在湖南学生联合会、各校学生会以及其他群众团体中担任着重要的工作，通过这些组织团结进步青年和各界人士，发动了一系列的群众运动，并产生了全国性的影响。这些活动包括：组织湘籍青年前往法国勤工俭学、1919年长沙的五四运动、1919年11月至次年6月成功地驱逐军阀张敬尧和1920年9月至12月湖南首倡的湘省自治运动等等。

新民学会还在长沙创办文化书社与俄罗斯研究会，组建了湖南学生联合会，创办了著名的《湘江评论》，主办了《平民通讯社》，在舆论上大造反帝反封建的声势。随着对马克思主义理论的广泛涉猎和一系列革命运动经验教训的总结，新民学会确定的宗旨得以实践。

在深入进行马克思主义理论宣传的同时，新民学会还领导了

新民学会部分成员

多次实践斗争，最突出的是1921年5月1日，长沙的织造、铁业和泥木等行业的工人和各校学生数百人举行的庆祝国际劳动节的游行大会，游行者打着“劳工神圣”的大旗，走遍长沙各主要街衙，沿途散发《劳动节略史》、《告工人》和《社会革命》等传单，到处讲演，唤起民众觉悟。经过多次这样有组织的游行示威和罢工斗争，工人群众亲身体会到马克思主义这一思想武器指导斗争实践的正确性，为党的建立奠定了阶级基础。

新民学会的发起、成立和成长，渗透着毛泽东的心血。这一团体从一个追求向上的进步青年组成的综合性团体，逐步发展为纯粹的革命团体，在湖南，乃至在中国的近现代史上建立了不可磨灭的功绩。李维汉回忆说：“新民学会虽然还不是马克思主义的团体，但在它存在的三年里，在中国革命动荡转变的年代里，逐渐由民主主义接近了马克思主义，在思想上和组织上为建立中国共产党作出了它应有的贡献。”

毛泽东也说过：“学会有七八十名会员，其中许多人后来都成了中国共产主义和中国革命史上的有名人物，它为中国共产党的建立作了最好的思想准备和组织准备。”

（胡　蓉）

雪耻会

1924年12月，毛泽东因工作劳累患病，经中共中央同意回湘疗养。1925年1月中旬，毛泽东同杨开慧携毛岸英、毛岸青到长沙板仓岳母家过春节，2月6日同杨开慧等回到韶山。在韶山，他一边养病一边做社会调查，开展农民运动，雪耻会的成立是韶山农民运动蓬勃发展的重要环节。五卅惨案后，湖南成立援助青沪惨案的群众组织——雪耻会，开展了声势浩大的反帝爱国运动。毛泽东在韶山以“打倒列强，洗雪国耻”为口号，以秘密农协为中心，指示秘密农协推动各乡成立雪耻会，进行爱国反帝活动。军阀政府和土豪劣绅对群众的爱国反帝组织雪耻会，不敢公开反对。毛泽东指示秘密农协要利用雪耻会这个合法的组织形式，发展农民革命组织，增

雪耻会起义（油画）

强农民革命力量。中共韶山支部在毛泽东的指示下，进一步发动群众，在韶山二十多个乡雪耻会的基础上，组织成立了更大规模的湘潭西二区上七都雪耻会。雪耻会成立后，进行了反英反日游行示威，编演新戏，散发传单，揭露帝国主义的罪行。当时，湖南仍处于军阀赵恒惕统治下，国民党基层组织同共产党、农协一样，都是秘密的。这些组织的公开活动，大多利用雪耻会的名义进行。贺尔康七月五日日记中说到的“反帝国主义问题”，就是指毛泽东召集国民党区党部会议，商量在各乡雪耻会的基础上组织湘潭西二区上七都雪耻会的问题，毛泽东还在七月十日召开的成立大会上发表了演讲。七月十日，湘潭西二区上七都雪耻会成立大会在郭家祠堂召开，到会者六、七十人，毛泽东在会上作了重要讲话，讲述了五卅惨案的真相，深刻揭露帝国主义侵略我国的罪行，介绍长沙、湘潭人民爱国反帝斗争的情况，号召大家团结起来反对日、英等帝国主义。毛泽东的讲话，极大地鼓舞了韶山人民的革命斗志。会后，雪耻会成员举行了游行示威，“打倒帝国主义”、“废除不平等条约”等口号，响彻韶山。雪耻会还组织了演讲队，深入山冲山坳演讲、演戏，散发传单，张贴漫画、标语，大搞革命宣传，大造革命舆论。雪耻会还制定了宣言：

毛泽东回家乡教育亲人干革命（油画）

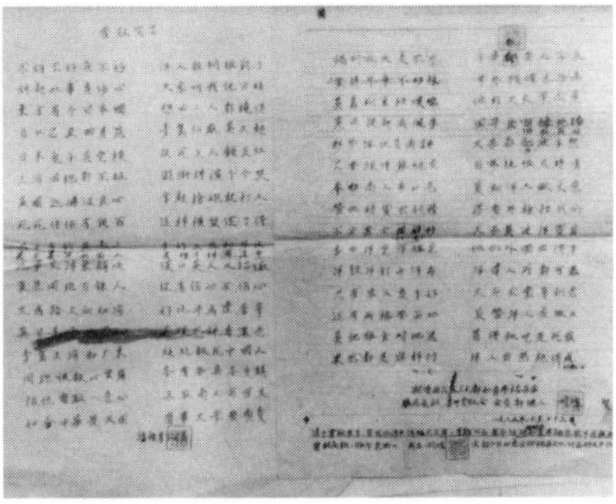

雪耻会章程

不好不好真不好，洋人杀到眼前了；

讲起此事真伤心，大家听我说分明；

东方有个日本国，想必人人都晓得；
自从乙丑四月底，青岛纱厂罢工起；
日本鬼子真凶横，杀死工人顾正红；
上海同胞都不服，游街演讲个个哭；
英国巡捕没良心，拿起枪炮就打人；
死死伤伤有几百，这样横蛮还了得；
内中有的是商人，多的工农和学生；
英日美法四国人，道理不讲专逞凶；
此事交涉未解决，汉口英人又猖獗；
复杀同胞百余人，你看伤心不伤心；
大马路上血如海，好比牛马遭屠宰；
青岛上海和广东，处处杀死中国人；
同胞被杀心里痛，各省各县各乡镇；
报仇雪耻一条心，工农商人与学生；
如今中华是民国，有事大家要负责；
祸到临头走不开，有事都要大家来；
坚持斗争不动摇，早些预备总为高；
莫靠北京段祺瑞，他的天良早丧尽；
莫再提起吴佩孚，困守岳州洞庭湖；
那些家伙莫再讲，大家都把法子想；
只要经济能绝交，百年仇恨立时消；
奉劝商人争口气，莫和洋人做生意；
替他销货不领情，还要开枪打我们；
不分男女一齐劝，大家莫进洋货店；
香水洋皂洋线坨，他们外国出得多；
洋靛洋钉与洋布，海带仁丹都可恶；
只有农工真个好，大布衣裳穿到老；
还有两条要留心，莫替洋人去做工；

莫把粮食对他送，冇得饭吃是死症；

果然都是这样行，洋人自然跑得成。

这个宣言通俗易懂，念起来朗朗上口，且具有很强的号召力。据韶山毛泽东同志纪念馆保存的1968年12月韶山地区老人座谈会会议记录，韶山老人郭运泉回忆：成立雪耻会主要是反日，雪耻会号召抵制日货，发动群众到地主家去搜查日货，凡是日本货都烧掉，路上见了穿日本衣服的就将它撕烂，同时也反英、烧鸦片。雪耻会存在的时间不长，只有两三个月的时间，韶山当时有农民夜校的地方就有雪耻会。

（曹慧娴）

“农民问题”

毛泽东伟大的一生从来没有离开过农村和农民。

在长沙读书和工作的20余年中，他曾多次回到韶山，多次到湖南10余县农村进行调查访问。1920年冬，毛泽东到湖南醴陵和江西萍乡，但并不只是去“休息”。此时正值中国共产党创建时期，毛泽东去萍乡，主要是考察当地的农民运动。萍乡在1920年发生过多起农民造反的事件。上半年，县城附近没饭吃的贫农，集合几百上千，到地主、财主家闹饭吃，吃了这家到那家，叫做“吃磨饭”；下半年，县境东路等地发生农民暴动。毛泽东知道这些消息后，自然想去实地走访。

自修大学附设补习学校采用的教材——《告中国的农民》一文，是发表在中国共产党上海发起组机关刊物《共产党》月刊1921年4月第3号上，有人说，此文是毛泽东写的，因其中多处提到萍乡农运内容。我们暂不去论证本文作者究竟是谁，但据当时听过毛泽东讲课的学员张琼回忆，毛泽东讲到许多与文章有关的具体和生动内容，不是实地考察过的人，是无论如何讲不出来的。毛泽东说，中国农民占全国人口的大多数，而中国农村分为四层阶级，即土财主、中等农民、下级农民、最穷的农民。前两种人数不多，农民大多数是后两种人，现在这些农民的痛苦日益加深。他还告诉农民：“你们不要埋怨自己的命运不好，你们只要埋怨现在的制度不好”，要解除痛苦，全靠“自己动手”、“自力更生”。他号召全国农民向萍乡农民学习，大家集合起来向财主作斗争，“你们一起来，自然会有共产主义来帮你们的”。

1923年4月，毛泽东第七次到安源时，曾指示中共安源地委要把工人运动和农民运动结合起来。

毛泽东去安源（油画）

1922年下半年，毛泽东担任中共湘区委员会书记，在领导开展湘区轰轰烈烈的工人运动时，也没忘记农民运动。湖南衡山岳北是湖南统治者赵恒惕的老家，这里的土地大都为赵家及其亲故所掠夺。加上连年水、旱、兵灾，农民无法生活。1923年春，毛泽东和湘区委派水口山工人、共产党员刘东轩、谢怀德回家乡岳北开展农民运动。经过半年多的发动和准备，在建立岳北中共党组织后，9月16日成立岳北农工会，有3 000余农民到会，两月内会员发展到3万人，并向地主开展了经济、政治斗争。这时，毛泽东虽已离湘赴沪，但仍与湘区区委书记李维汉保持密切联系，直接指导了湘区委的工作。1923年11月，赵恒惕派兵扑向岳北，用武力扼杀了岳北农工会。岳北农工会是第一个把农工二字联系在一起的革命组织，毛泽东是中国共产党领导工人运动的工人党员，回家乡领导农民运动的第一人，它生动而深刻地体现了毛泽东由工运走向农运，并将工农联合起来，实行工农联盟的战略思想。

1923年6月，毛泽东作为党的正式代表出席“三大”，他想得很多很深，不仅是要与国民党联合，而且是如何与它联合、如何才能与它联合？联合的基础何在？在大家正在为“共产党员”、“产业工人”是否加入国民党而激烈争论时，毛泽东却提出了令所有到会人感到意外的“农民问题”。他强调农民革命的重要性，提醒共产国际代表马林、党的主要领导人陈独秀，不应只顾联合、不顾其他、一切归国

中共三大旧址

民党，不应只看见局处广州一隅的国民党，而应重视全国广大的农民。这就使大家感到突然。大会所争论之要点，在会前多已经再三提到过，只有农民运动，是一个新提出来的问题，在党内历次讨论中，都没人这么强调过，但到“三大”，毛泽东却带头并突出地提出农民问题，引起了代表们的兴趣和重视，这又促使毛泽东从农民问题的各个方面，来进一步阐述自己的观点。他说湖南工人数量和全国一样很少，国民党员和共产党员更少，可是满山遍野都是农民，这是大家都看到的铁的现实，所以他说:“任何革命，农民问题都是最重要的”。他还说:“中国历代的造反和革命，每次都是以农民暴动为主力，国民党在广东有基础，无非是有些农民组成的军队，如果中共也注重农民运动，把农民发动起来，也不难形成像广东这类的局面。”这种看法，是中国这个农家子对于中共极大的贡献。

故此，“三大”虽没有关于农民问题的提案，但也根据毛泽东的提议和大会大多数人赞同的意见，通过了《农民问题决议案》。

（胡　蓉）

四渡赤水用兵神

毛泽东是一位伟大的军事指挥家，运筹帷幄决胜千里，指挥战役无数。井冈山布局的精巧，抢渡黄河直指太行山的智慧，三大战役的果断，百万雄师过大江的气概……他本人独对四渡赤水之战格外看重，称之为“平生得意之笔”。

遵义会议后，中央红军仍处于敌强我弱的态势。红军3万多人，17个团；而敌军却有40多万人，100多个团。蒋介石企图将红军彻底消灭于长江、乌江和横江之间。根据当时情况，军委决定北渡长江，会合四方面军，在四川建立新苏区。1月17日开完遵义会议，19日兵分三路撤离遵义，在土城遇川军阻击，由于对敌情判断

遵义会议期间的毛泽东与战友合影

遵义会议旧址

不明，这一仗只打了平手，双方伤亡都很重。29日，红军渡过赤水河，发现川敌已重兵设防，为避免与敌人拼消耗，红军改向敌人兵力薄弱的云南扎西集结。蒋介石求胜心切，命滇军和川军从两面夹击，又想在扎西一带消灭红军。毛泽东向来着意在打不赢中寻找打得赢的战机，他命令红军出其不意，离开扎西，挥师东进，乘黔北空虚，再战遵义，杀一个回马枪。2月19日，红军二渡赤水全部进入贵州，24日在桐梓消灭敌人一个团后，乘胜攻打娄山关，娄山关是遵义的大门，确有一夫当关万夫莫开之险，蒋介石命令黔军死守三天，等待救援。不料红军采用正面强攻两侧迂回的战术，不到两天就拿下了关口，沿途又歼灭敌军三个团，27日再占遵义。敌人的援军迟到一天赶来，红军趁其立足未稳，予以坚决打击，歼其大部，其余的仓皇南逃。从桐梓到遵义，历时5天的作战，史称遵义战役，歼敌2个师又8个团，俘敌3 000人，取得长征以来最大的一次胜利。蒋介石气得直跺脚："这是国军追击以来的奇耻大辱！"毛泽东登上娄山关，极目四望，吟成《忆秦娥·娄山关》：

西风烈，长空雁叫霜晨月。霜晨月，马蹄声碎，喇叭声咽。雄

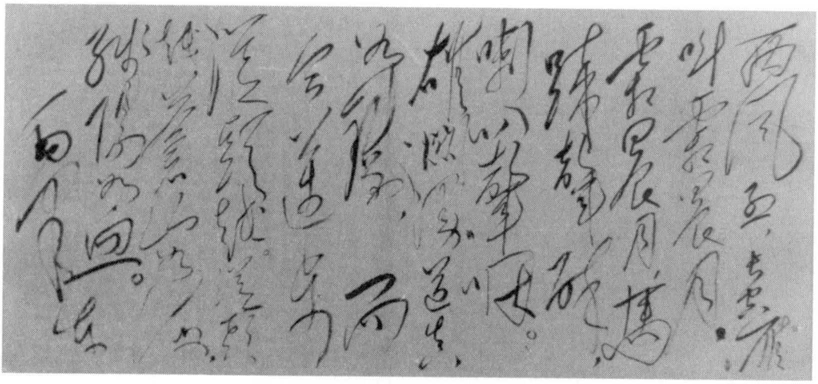

毛泽东手书《忆秦娥·娄山关》

关漫道真如铁，而今迈步从头越。从头越，苍山如海，残阳如血。

遵义附近有个县城叫打鼓新场。一些红军将领被遵义战役的胜利鼓舞，在政治局扩大会议上提议进攻打鼓新场。毛泽东深知，眼前还没有摆脱被敌包围的态势，切不可恋战，因此他坚决反对攻打，并且坚定地劝阻道："如果真要打，我这刚任命的前敌政委不当了！"但是，会议还是以少数服从多数通过了进攻决定。深夜，毛泽东提着马灯来到了周恩来住处，夜深人静，两颗智慧之星达成共识，第二天，周恩来出面说服了其他同志，取消了冒险攻打打鼓新场的决定，又一次使红军化解了一起生死存亡的考验。这以后，中央成立了毛泽东、周恩来、王稼祥组成的三人指挥小组。

3月16日，毛泽东指挥红军在茅台镇三渡赤水，摆出北渡长江之势，在吸引蒋介石调重兵增强长江防线的同时，红军主力却突然悄无声息掉头东进，一夜之间第四次渡过赤水河，又调头南下，利用这一带的奇山异水和繁茂的植被作掩护，穿插行进在敌人的间隙。为进一步调动敌人，红军主力又威逼贵阳，在贵阳督战的蒋介石闻讯，急得小便失禁。慌忙中，急令看守长江上游的滇军救驾。滇军东调，云南空虚，红军主力与滇军背道而驰，连克诸县，靠七只木船用九天时间渡过金沙江，完全跳出了蒋介石几十万重兵的围追堵截，取得了战略转移中的决定性胜利！

1935年，毛泽东与朱德

1935年的毛泽东

四渡赤水是毛泽东军事生涯中的得意之作，也是军事史上令人叹为观止的神来之笔。正是毛泽东那用兵如神的军事才能，指挥中国革命一步一步走向胜利！

（胡　蓉）

“自己动手　丰衣足食”

从1940年起，在日本侵略军的残酷扫荡和国民党顽固派的严密封锁下，敌后抗日根据地和陕甘宁边区遭遇到严重的经济困难。与此同时，边区又遭受到严重的旱、病、水、雹、风五大灾害的侵袭，灾情几乎波及每一个县。陕甘宁边区是中共中央所在地，是各抗日根据地的总后方。这里地广人稀、土地贫瘠，有140万老百姓，要保证供给军队和机关学校人员的衣食需要，十分困难。为此，毛泽东响亮地发出了“自己动手，丰衣足食”的号召。

一天，毛泽东把林伯渠、高岗和萧劲光找去，对他们说：“我们到陕北来是干什么的呢？是干革命的。现在日本帝国主义、国民党顽固派要困死、饿死我们，怎么办？我看有三个办法，第一是革命，革不下去了，那就不革命，大家解散回家；第二是不愿解散，又无办法，大家等着饿死；第三靠我们自己的两只手，自力更生，发展生产，大家共同克服困难。”毛泽东的这段话风趣而又易懂，像一盏明灯，一下子把大家的心照亮了。大家都赞成第三种办法，毛泽东接着说：“现在看来，也只有这种办法，这是

毛泽东题写“自己动手，丰衣足食”

我们的唯一出路，是打破封锁、克服困难的最有效最根本的办法。”

1941 年是克服边区财政经济困难最关键的一年。毛泽东认为，经济建设一项乃是其他各项的中心，并把解决财政经济问题看做是“学习治国”。粮食问题，是最为急迫需要解决的问题。外援断绝后，边区用粮只能全部依靠征粮。因负担过重，民心动荡，大部分群众颇有微词。

1941 年6月3日下午，陕甘宁边区政府召开县长联席会议，主要讨论征粮问题。初夏，老天爷的脸说变就变，刚刚还是晴空万里，可转眼间一声雷响，一个炸雷从东面屋角穿入礼堂击中了一根柱子，坐在柱子旁边的延川县代县长李彩云不幸触电身亡，另有7人受伤。此外，一位农民拴在礼堂边的一头驴也被雷击而死，农民愤愤说了一句：“老天爷不睁眼，咋不打死毛泽东呢！”边区的保卫部门闻讯后十分震惊！他们把这个“竟敢如此诅咒毛主席”的农民抓了起来，并将之作为反革命事件进行追查。毛泽东从警卫员的口中知道了这件事，但出人意料的是，他立即阻止了保卫部门的行动，并且进行了冷静的思考。他说：“群众发牢骚，有意见，说明我们的政策和工作有毛病。我们共产党人无论如何不要造成同群众对立的局面。”经过调查后他又说：“确实公粮太多，要不要反省一下研究研究政策呢？要！”于是，在毛泽东的号召下，轰轰烈烈的大生产运动开始了。

毛泽东带头开荒种地

毛泽东十分支持朱德提出的“屯田军垦”。1939年秋，三五九旅在旅长王震率领下赴南泥湾开荒生产。经过几年艰苦奋斗，荒无人烟的南泥湾变成

毛泽东视察南泥湾

了“到处是庄稼，遍地是牛羊”的“陕北好江南”。1943年9月，毛泽东到南泥湾视察时兴奋地说：“困难并不是不可征服的怪物，大家动手征服它，它就低头了。大家自力更生，吃的、穿的、用的都有了。目前我们没有外援，假定将来有了外援，也还是要以自力更生为主。”在军队的带动下，机关、学校、工厂、地方各单位也开展了轰轰烈烈的大生产运动。每天早晨天还没亮，人们就纷纷来到山坡地脚，挥锄垦地，漫山遍野都是开荒的人群，到处都有烧水煮饭的袅袅炊烟。劳动带来了生机！毛泽东也推开繁重的公务，在窑洞对面的山沟里开垦了一块长方形的地，种上蔬菜，一有空就去浇水、拔草。

到1943年底，部队的衣食住行实现六成自给，边区农民家中储粮平均翻了两倍半。与此同时，农民的负担明显减轻，生活得到改善，干群关系也更为密切融洽，边区的安定团结局面进一步巩固。

边区人民自制的手枪等物品

通过大生产运动，边区实现了“自己动手，丰衣足食”的目标，毛泽东说：“这是历史上从来未有的奇迹，这是我们不可征服的物质基础。”它不仅支持了艰苦困难的抗日战争，而且积累了经济建设的丰富经验。“自己动手，丰衣足食”，是建设模范的陕甘宁边区的强大动力，是延安大生产运动艰苦岁月中升华的一种民族精神，更是鼓舞当代中国人奋发图强的精神财富。

（胡　蓉）

赴重庆谈判

1945年8月28日，是毛泽东赴重庆谈判的日子，在延安机场，在拥挤的人潮中，摄影师屏住呼吸，把镜头对准毛泽东，抢拍下他在机舱门口挥手的那一刹那，那一刻，历史的瞬间凝固成了一篇红色的经典……

经过八年抗日战争，久经战乱之苦的人民渴望和平，渴望重建家园。蒋介石要打内战，又想把“不要和平、祸乱百姓”的火，引到共产党、毛泽东的身上。为此，短短十天，他一连发了三封邀请电。毛泽东是否前往重庆，关系到中国的前途与命运。

重庆，毛泽东去，还是不去？

周恩来仔细考虑后说：“还是让我先去，探探深浅，毛主席是否亲自去，看我谈判的情况而定，总是要谈得拢才能去嘛！”朱德、彭德怀等人都先后谈了自己的看法。在激烈的争论中，毛泽东发言了，他平静地说：“蒋介石三次邀我，这个风险要冒，不去，不利。‘谋事在人，成事在天’，即便谈判失败，蒋介石也是阻挡

毛泽东在延安机场向欢送的军民告别

不住历史的潮流的！”

毛泽东决定去重庆谈判的消息，震惊了整个解放区，边区的老百姓不约而同地围到中央机关所在的窑洞外，大家都很焦急，都替毛泽东捏着一把汗，有的人眼圈红了，说：“千万不能要主席去重庆啊！”“蒋介石心狠手辣，特务到处横行，谁知道会怎么样?！”“要谈，请蒋介石来延安，咱保证让他来去自由！”

短短一两天时间，毛泽东就收到了大批来信、来电，所表达的都是同一个心声：毛主席不能去！毛泽东展开这些来信、电报，仔细阅读，他被老百姓对他的深情厚意所感动，被老百姓对他的真诚拥戴所感染。为了安抚大家，毛泽东解释说：“蒋介石煞费苦心地三次来电，如果我不去重庆，他就会欺骗人民，说是共产党不要和平，要打内战……”

1945年8月28日，毛泽东穿一身半新的蓝灰布中山装，头戴深灰色的巴拿马盔式太阳帽，坚毅、从容地登上了飞往重庆的专机。

在重庆的四十三天，谈判激烈，唇枪舌剑，艰辛曲折，但也发生了许多趣事。一次宴会结束后，一名记者采访毛泽东：“毛先生，假如国共合作不成功，你有没有信心打败蒋先生?”毛泽东回答说：“我们国共两党的矛盾是代表不同阶级利益的矛盾，至于蒋先生嘛，‘蒋’字是将军的‘将’上加棵草，不过是个草头将军而已。”记者继续追问：“那您的

重庆谈判期间毛泽东和蒋介石在宴会上

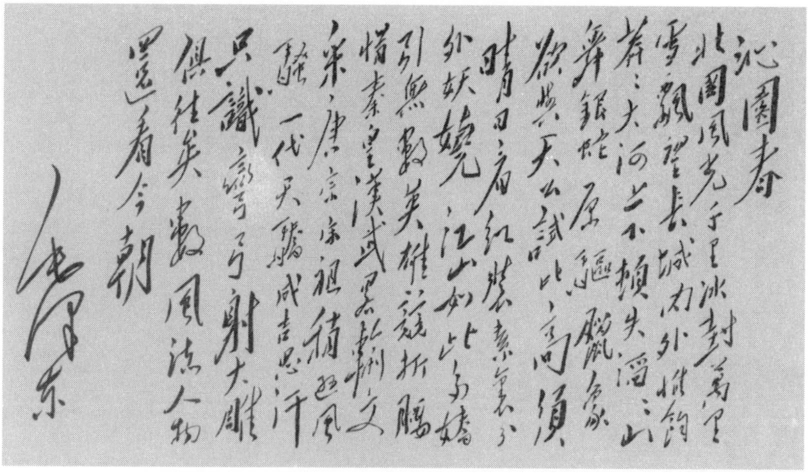

毛泽东手书《沁园春·雪》

‘毛’字呢？”毛泽东哈哈地笑着说：“我的‘毛’是反手，表示，代表多数人的共产党要战胜代表少数人的国民党，易如反掌！”

重庆谈判，让蒋介石“假和平、真内战”的阴谋暴露无遗，毛泽东又一次赢得了民心！“数风流人物，还看今朝”，毛泽东的大义凛然、睿智幽默、大公无私进一步深入人心！

随后，毛泽东早在1936年就已写成的《沁园春·雪》也发表了，在山城重庆引起了巨大轰动。柳亚子、郭沫若、黄齐生等许多诗人、文人赞不绝口之余纷纷发表唱和之作。毛泽东，这个长期被国民党诬为“匪首”、“杀人放火的强盗”的毛泽东，原来竟是个才华横溢、文采飞扬的大诗人！很多人由此改变了对毛泽东及其领导的事业的看法，对国民党长期的宣传也产生了某种怀疑。蒋介石坐不住了，不肯袖手旁观了，他组织一批御用文人大加讨伐，妄加评论、大肆攻击毛泽东，但效果甚微。《沁园春·雪》以其独特的风格与气势，传出小城，传遍全中国！

（胡　蓉）

“空城计”

提到空城计，大家一定会想起三国时期诸葛亮巧设空城计，吓退司马懿40万大军的故事，然而，毛泽东也许多次表演过精彩的空城计。

1948年10月，中共北平地下党获紧急情报，蒋介石亲抵北平，同傅作义策划了一大阴谋：他们纠集10万兵力计划于10月25日偷袭我党中央驻地西柏坡。当时，解放军在石家庄的兵力很少，华北军区部队日夜兼程赶到保定至少也得5天时间。此时的西柏坡只有一个中央警卫连，实实在在是一座空城！

收到电报的顷刻间，西柏坡震惊了！大家焦虑的目光不约而同地聚集在毛泽东那灯火通明的小屋，毛泽东听完周恩来的汇报后，一言不发，静静地在屋里踱来踱去。石家庄没有我们的部队，调三纵阻击？时间来不及；中央机关撤退？但不到万不得已，不能走这一步棋。怎么办？经过长时间的考虑，毛泽东笑了：“同志们，我们何不来个空城计？先把敌人的偷

毛泽东和周恩来在商量作战计划

袭计划电告全国，让蒋介石知道我们早有准备，他们就会大为泄气，甚至干脆不敢来犯。”在场的中央领导们连连点头称赞。于是毛泽东立即伏案疾书，写下新闻稿《蒋傅匪军妄图突击西柏坡》。不一会儿，新华广播电台响起了播音员清脆的声音，这篇文章揭露了蒋介石、傅作义的偷袭阴谋，并把敌人的行军路线、作战部署等都说得一清二楚。

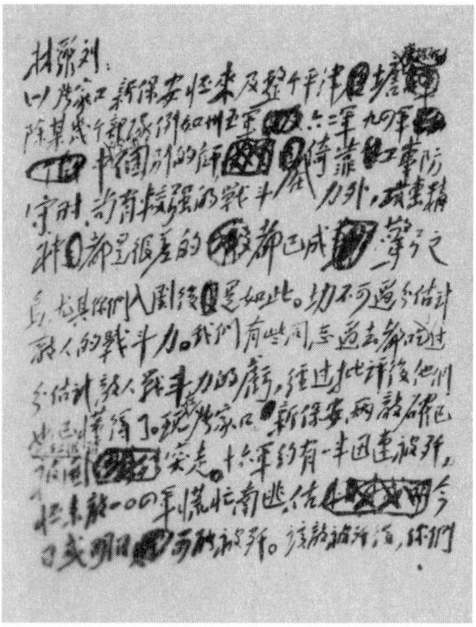

毛泽东起草下发的作战电文手稿

此后，为了迷惑敌人，毛泽东在第二篇新闻稿中警告蒋、傅："你们来吧，解放区人民布下了天罗地网，管叫你们有来无回！"

蒋介石、傅作义惊呆了。蒋介石暴跳如雷："怎么搞的，我兵马未动，共军就知道了，是谁泄露的，一定要严加查处，格杀勿论！"但马已上路，鸟已出笼，他决定孤注一掷，命令部队继

西柏坡旧址

西柏坡时期的毛泽东

续前进。

27日，前方急电：蒋傅匪军今日将抵保定，28日将快速进犯石家庄，同时骑兵旅也将出发偷袭西柏坡。

石家庄距保定不足130公里，汽车只需四个小时。西柏坡不设防！

此时的古城保定，阴云密布，数万蒋匪伺机待发。

西柏坡的夜，静悄悄的。毛泽东和周恩来商讨着应敌之策。

"主席，情况紧急啊，保定的匪军即将出发，我们得准备好，主力不在身边，弄不好可能要吃亏。"

"老蒋把看家本领都使出来了，狗急了就跳墙啊！"主席风趣地说。

随后，毛泽东进行了阻击安排。平汉线上，冀中七纵队，首先在望都、方顺桥、清风店一带对敌人展开阻击，于29日主动撤离第一道防线，转移到第二道防线唐河南岸进行阻击。敌兵30日动用3个师的兵力，以损失1500人为代价突破第二道防线。

敌军距石家庄只有50公里，汽车两小时即可到达。

毛泽东又沉着地为新华社写下了第三批新闻稿："蒋介石最近一个时期是住在北平的，在两个星期内由他经手送掉了范汉杰、郑洞国、廖耀湘三支大军，昨日业已溜回南京。现在北平这样的空虚，只有一个青年军二零八师在那里，通州也空了……整个蒋介石的北方战线，大概只有几个月就要完蛋了，他们却还在那里做石家庄的梦。"

听到广播后，蒋介石、傅作义这下子可真慌了，他们大梦初醒，急令撤兵。两天后，蒋获悉华北解放军第三纵队31日晨赶至沙河，在此之前，西柏坡确有中共首脑机关，而且确无守兵。蒋捶胸顿足，后悔莫及。

就这样，毛泽东临险不惊，巧设空城计，仅靠一支竹笔、三篇檄文，吓退了蒋、傅十万兵。

（胡　蓉）

“进京赶考”

1949年3月22日晚，是毛泽东在西柏坡的最后一夜，也是他难以入睡的一夜。据工作人员回忆，毛泽东批阅完文件后，又站在窗前眺望着夜空，一支接一支地抽起烟来，直到凌晨三四点钟，才上床睡觉。临睡前，他嘱咐说：“9点以前叫我起床。”周恩来怕毛泽东休息不好，指示工作人员：“不要9点叫醒主席，让主席多睡一会儿。”

1949年3月23日10时许，警卫员叫醒毛泽东。吃过早饭后，毛泽东正要迈步走出门口，周恩来迎了上来，问：“主席，休息好了吗？”

毛泽东说：“休息好了，我只要睡四五个小时，就有精神了。”

毛泽东在西苑机场与各界人士合影

周恩来说:“多休息一会儿好,长时间坐车也很累。”

毛泽东说:“今天是进京的日子,不睡觉也很高兴啊!今天是进京‘赶考’嘛,进京‘赶考’去,精神不好怎么行呀?”

周恩来笑着说:“我们应当都能考试及格,不要退回来。”

毛泽东凝视车队将要开往的方向,坚定地说:“退回来就失败了,我们决不当李自成,我们都希望考个好成绩。”

毛泽东在七届二中全会上作报告

随后,一个由11辆小汽车和10辆卡车组成的车队,浩浩荡荡而又井然有序地离开了西柏坡,沿着山间公路,向北平方向开去。毛泽东坐的中吉普跟在第一辆带路小吉普之后,尽管山间土路弯弯曲曲、坎坷不平,且车轮过处,尘土飞扬。但毛泽东似乎全然没有觉察到这些,心情很好,与随行人员有说有笑。车队原计划第一天赶到保定,可是因为路不好走,天黑以前,毛泽东一行就在唐县附近东淑闾村村民李大明家里住下。

3月24日上午,汽车继续向保定前进。开到保定城时,因为车辆多,目标大,许多老百姓便朝着汽车跑来。毛泽东阻止司机加快速度,说开快车要出事的,万一伤着老百姓就不好了。毛泽东坐在汽车里往外看,还不断地向群众招手致意。下午到涿县,当晚住下。

3月25日凌晨2时,毛泽东等中央领导精神焕发,健步跨上了去北平的专列。下午,北平各界代表和各民主党派、民主人士满怀热情地迎接自己的领袖。当晚,中共五大领导人宴请了李济深、沈钧儒等二十多位爱国民主人士代表,表达了中共愿与民主党派和

中共七届二中全会

中共七届二中全会旧址

民主人士合作的态度与诚意。毛泽东兴奋地说:“这标志着中国革命取得了伟大的胜利。但这还不是完全的胜利。今天还不能开大的庆祝会,等全国都解放了,再开大的庆祝会,意义就更大了。”

1949年3月25日,党中央和毛泽东进北平,是中国革命的历史上的一个转折点——从农村包围城市到由城市领导全国的转折点。

正像毛泽东说的,夺取全国胜利,只是万里长征走完了第一步。党的事业无止境,“进京赶考”无穷期,毛泽东的“进京赶考”、“不当李自成”,对于今天全党、全国各族人民来说,仍然具有十分重要的现实意义。

(张　旭)

开国第一刀

1950年2月，北国正是春寒乍暖的时节，毛泽东和他率领的党政代表团结束对苏联的访问，回到了哈尔滨。他不顾十天十夜的旅途辛劳，到黑龙江各处视察。这是他生平第一次出国，也是他新中国成立后第一次到东北视察。

毛泽东乘坐专列27日14时30分抵达哈尔滨，住在南岗区颐园街一号。这是一座造型非常讲究的欧式建筑，内部结构雍容典雅，是典型的贵族式居所。刚踏进门，毛泽东脱口而出："这里好阔气呀！"来到二楼卧室，看到钢丝床垫和舒适的被褥，他语重心长地对陪同人员说："全国人民没有睡钢丝床，我睡钢丝床睡不香啊！"随后，他要求警卫员换上随身携带的床板、毯子和荞麦皮枕头。此时，毛泽东的心情十分沉重。屈指算来，出访苏联是在开国大典举行仅有两个多月的时

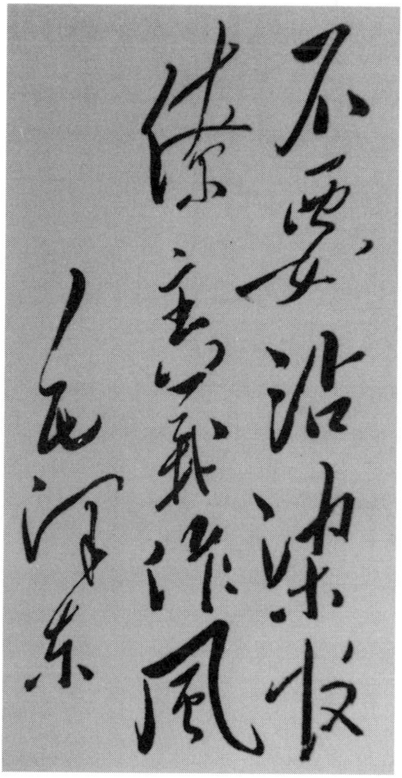

毛泽东题词

候，从八年抗战和三年内战走过来的新中国，仍旧是满目疮痍，百废待兴，当他看到哈尔滨这座在全国解放最早的城市的领导人一身绒呢穿戴，住的是俄式别墅小楼，又把他安排在豪华建筑里休息，他不能不心有感触，不能不联想许多。当省市负责人请他题词时，他写下了“不要沾染官僚主义作风”。

3月1日，毛泽东来到沈阳，听取了东北局、辽宁省、沈阳市的负责人汇报后，时任东北局书记的高岗请他和周恩来、胡志明吃饭。宴席太丰盛了，各种东北特产应有尽有。毛泽东一进餐厅，脸色顿时沉了下来。他礼节性地让胡志明多吃多喝，自己只是象征性地喝了几口葡萄酒，吃了点饭，便放下筷子，吸起烟来。饭后，他来到会议室，当着大小领导的面批评晚上的饭菜太多，太浪费，他说：“同志们，我们是人民的公仆，是为人民服务的。如果我们一层一层仿效下去，这么吃起来，在人民群众中将会有什么影响？你们应当重温七届二中全会精神。”

毛泽东很不愉快。次日，在东北局、辽宁省、沈阳市的领导干部大会上，他又重重讲到昨天的那餐饭，他说：“这次，我和恩来等同志路过东北，主要想了解一下东北的工作情况，了解东北地方工业生产情况，但发现浪费太大。我在哈尔滨提过不要大吃大喝，到沈阳一看比哈尔滨还厉害。我和恩来不是为了吃喝，搞那么丰盛干什么？中央三令五申，要谦虚谨慎，戒骄戒躁，要艰苦奋斗，你们应作表率嘛！”毛泽东的情绪有点激愤：“你们要做刘宗敏，我可不想当李自成啊！”

3个月后，毛泽东正式向中央提议，要求在全党范围内进行一次整风运动。第二年，他领导开展了大规模的三反五反运动。在这个运动中揭露出来的两任天津地委书记刘青山、张子善贪污案被称为“新中国反腐败第一大案”，又被称为开国第一刀！

刘青山、张子善参加革命工作已20年，他们在国民党血腥的白色恐怖下，在艰苦的八年抗战和三年多的人民解放战争中，都曾进

刘青山与张子善死刑宣判大会

行过英勇的斗争，有过功绩。他们本是可以继续给党、给国家、给人民做更多的事情的，可是，在全国胜利后两年多的和平环境中，他们却凭借职权，不顾国法党纪，不管人民疾苦，盗窃机场建筑款、救灾粮、治河款、干部家属救济粮、地方粮及剥削克扣民工工资、骗取银行贷款等，合计旧币共达171亿6 272万元！

1951年12月27日，毛泽东专门赴天津，亲自处理刘青山、张子善问题。天津市委书记黄敬，是刘、张的老上级，公审大会前，他找到兼华北局第一书记的薄一波说："刘、张错误严重，罪有应得，当判重刑。但考虑到他们在战争年代出生入死，有过功劳，在干部中影响大，是否可以向毛主席说说，不要枪毙，给他们一个改过的机会。"薄一波如实地向毛泽东转达了黄敬的意见。毛泽东沉思着，坚定地说："我建议重读一下《资治通鉴》。治国就是治吏！'礼仪廉耻，国之四维。四维不张，国之不国。'如果一个个都寡廉鲜耻，贪污无度，胡作非为，国家还没有办法治他们，那么天下一定大乱。问题若是成了堆，积重难返！崇祯皇帝本是个好皇帝，他面对那样一个乱摊子，只好哭天抹泪。我们不是明朝的崇祯。谁要搞腐败那一套，就割谁的脑袋！我毛泽东若是搞腐败，人民就割我毛泽东的脑袋！正因为他们两人的地位高，功劳大，影响大，所以才下决心处决他们；只有处决他们，才能挽救20个、200个、2 000个、20 000个犯有各种不同程度错误的干部。”

1952年2月10日下午1时，河北省保定市东关大校场上，两声枪响结束了两个大贪污犯的生命，两口紫红色棺木成了他们的最后归宿。

老百姓说，这两颗人头换来了中国官场至少20年的清廉！

（胡　蓉）

回首朝鲜战争

“雄赳赳，气昂昂，跨过鸭绿江”的旋律至今回荡在人们的脑海。新中国建立之初，百废待兴，面对美军铁蹄践踏国门，毛泽东毅然决定抗美援朝，令世界为之震撼，作为那场战争中方的最高统帅，毛泽东曾就此与王季范及早年同窗周世钊多次畅谈。

抗美援朝究竟有无取胜把握，在当时是颇受人们关注的问题，1950年10月27日，毛泽东在中南海接见了王、周，针对二人的疑虑作了分析。

毛泽东说道：“不错，我们急需和平建设，如果要我写出和平建

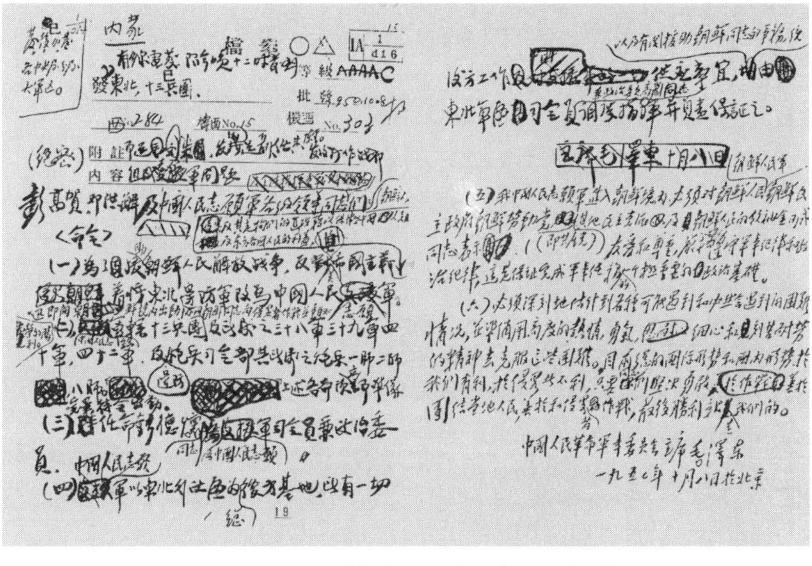

毛泽东发布的《给中国人民志愿军的命令》

设的理由，可以写出百条千条，但这百条千条的理由不能敌住六个大字，就是‘不能置之不理’。现在美帝的矛头直指我国的东北，假如它真的把朝鲜搞垮了，纵然不过鸭绿江，我们的东北也时刻在它的威胁中过日子，要进行和平建设也会有困难。所以，我们对朝鲜问题置之不理，美帝必然得寸进尺，走日本侵略中国的老路，甚至比日本搞得还凶，它要把三把尖刀插在中国的身上，从朝鲜一把刀插在我国的头上，从台湾一把刀插在我国的腰上，从越南一把刀插在我们的脚上。天下有变，它就从三个方面向我们进攻，那我们就被动了。我们抗美援朝就是不许它的如意算盘得逞。打得一拳开，免得百拳来。我们抗美援朝，就是保家卫国，可是党内有很多人不同意。”

随着时间的流逝，以前不少似乎是金科玉律的理论和毋容置疑的答案，逐渐受到了人们的质疑；也有很多颇为权威的结论，正在社会上和学术上引起争鸣。现在有一种观点认为，当年抗美援朝时，中国承担了本应由苏联承担的国际义务，而作为社会主义阵营“老大哥”的苏联却只提供了装备和技术的支持，这对中国是非常不公平的，我们吃了亏。毛泽东当年是怎样看这个问题的呢？他说：“这个仗，我们有力量、有把握打好，不必要苏联参加。你们晓得玩扑克吗？‘大鬼’、‘小鬼’是留着保底的。你们看过剑侠小说吗？看家的法宝是要留着最后用的。我看美帝侵略，一定会要彻底失败。不管它怎样挣扎，终是黔驴技穷，在中朝人民共同抗击之下，它是一定不能得逞的。”

抗美援朝胜利签字仪式

毛岸英之墓

朝鲜前线的战斗是空前残酷而惨烈的。无数中华民族的优秀儿女，为了保家卫国，血染三千里江山，这其中也包括毛泽东的长子毛岸英。和毛泽东情同手足的周世钊，心里深深地体会到老同学那种难以言表的悲凉和伤感，在一次闲聊中，周世钊不无感慨地说："岸英死得太早了，如果您不派岸英到朝鲜战场上，我看他是不会牺牲的。"

毛泽东表示了不同的看法，他说："不能这样说……岸英是为保卫中国人民和朝鲜人民的利益，为保卫我们祖国的安全而出国作战的，他是为反对美帝国主义的侵略行为，为保卫世界和平事业而牺牲的。当时我得到岸英在朝鲜战场上不幸牺牲的消息后，我的内心是很难过的。因为我很喜欢岸英这个孩子。岸英牺牲以后，当时有人提议要把他的尸体运回国来安葬，我没有同意。我说岸英是响应党中央的号召，为保家卫国而死的，就把他安葬在朝鲜的国土上，让他显示中朝人民的友谊，让中朝人民的友谊万古常青。我作为党的主席，作为一个领导人，自己的儿子不派他去朝鲜，又派谁的儿子去呢？光派别人的儿子去前线打仗，这还算什么领导人呢？另一方面，岸英是个青年人，他从苏联留学回国后，到农村进行过劳动锻炼，但却没有正式上过战场。青年人就是要到艰苦的环境中去锻炼，要在战斗中成长。"

"青山处处埋忠骨，何须马革裹尸还"，就这样，一代伟人的亲生骨肉便长眠于异国他乡。

（陈　帅）

“两弹一星”

毛泽东是一位伟大的战略家，我国进入全面建设社会主义时期，他在宣称原子弹是纸老虎的同时就指出：“科学技术这一仗一定要打，而且必须打好；不搞科学技术，生产力无法提高。”

1956年4月25日，毛泽东在中共中央政治局扩大会议上作了《论十大关系》的重要讲话，谈到经济建设和国防建设的关系时，毛泽东说：“我们现在比过去强，以后还要比现在强，不但要有更多的飞机和大炮，而且还要有原子弹。在今天的世界，我们要不受人家欺负，就不能没有这个东西。”毛泽东的讲话，表现了一个政治家的远见卓识，同时也说明了原子弹在国防现代化建设中的地位。

中国第一颗原子弹爆炸成功

中国第一颗氢弹爆炸成功

然而，中国研制原子弹，发展核武器，遇到了种种困难。中国的社会主义建设刚刚开始，国民经济相当薄弱，物力、财力匮乏。而且，在中国刚开始原子弹研制时，赫鲁晓夫背信弃义，撕毁协定，撤走专家，停止援助，并加紧逼债。屋漏又偏逢连阴雨，面临严重的外困之时，我国又陆续遭受了几年自然灾害。天灾人祸，雪上加霜。

内忧外困，形势是这样的严峻！研制原子弹该是何等的艰难啊！但一贯不屈服于困难，具有大无畏英雄气概的毛泽东在紧要关头，主持中央专门会议，明确表态："我们不能见了困难就打退堂鼓。中国人连死都不怕还怕困难吗？现在是穷了点，但穷则思变，没有过不去的火焰山。我们应该想方设法发展尖端技术，而不能怀疑和动摇，甚至在这个问题上停滞不前。"

在经过了风风雨雨之后，在攻克无数的艰难险阻之后，终于迎来了收获的季节。1964年10月16日15时，我国自行研制的第一颗原子弹爆炸成功。在中国大地上的一声巨响，在茫茫沙漠中爆出了一道强光，在罗布泊上空翻卷的蘑菇云，就像一串串惊雷，宣告了超级大国对中国"核威慑"的结束；就像怒放的中华民族的精神花朵，给亿万中国人带来了巨大的欢乐和喜庆。中国沸腾了，毛泽东更是欣喜万分。在庆功宴上，他抑制不住激动的心情说："我们胜利了！几年来难得有今天这样的高兴，离开苏联我们不是照样把事情办成了吗！可喜可贺啊！"

高瞻远瞩的毛泽东在原子弹爆炸成功后，立即以战略家的气魄规划了我国尖端武器的发展新目标："原子弹有了，氢弹也要快。"1967年6月17日8时20分，我国的第一枚氢弹成功起爆。从第一颗原子弹到第一颗氢弹，苏联用了四年，美国用了七年零四个月，中国只用了两年零八个月，这不能不说是一个奇迹！

1970年4月24日21时48分，我国又成功发射了第一颗人造地球卫星。这颗命名为"东方红1号"的卫星，以《东方红》乐曲代替无线电呼号，这诞生于华夏文明发祥地的古老而新鲜的信天游，响彻天际，最大限度地激发了中国人民的民族自豪感和爱国激

中国第一颗原子弹爆炸成功

解放军中央广播事业局军管组赠送给毛泽东的“东方红一号卫星”播放的《东方红》乐曲和遥测讯号录音磁带

情。当卫星飞经祖国上空时，人们带着收音机、望远镜，成群结队地拥到山头、高楼、海边，观看卫星和收听卫星发送的《东方红》乐曲。当卫星飞经首都北京和海南上空时，有关部门分别录制了《东方红》乐曲和遥测信号两盘磁带，呈送毛泽东，作为永久的纪念。

“两弹一星”事业的辉煌成就，极大地鼓舞了中国人民的志气，振奋了中华民族的精神，奠定了我国在国际舞台上的重要地位。邓小平曾深刻地指出:“如果六十年代以来中国没有原子弹、氢弹，没有发射卫星，中国就不能叫有重要影响的大国，就没有现在这样的国际地位。这些东西反映一个民族的能力，也是一个民族、一个国家兴旺发达的标志。”

1999年9月18日，江泽民在表彰为研制“两弹一星”作出突出贡献的科技专家大会上，高度评价“两弹一星”的伟业“是新中国建设成就的重要象征，是中华民族的荣耀与骄傲，也是人类文明史上的一个勇攀科技高峰的空前壮举”。

（胡　蓉）

乒乓外交

1972年2月21日11时27分，一架蓝白色的专机徐徐降落在北京机场，美国总统尼克松缓缓地走下飞机，与迎候的中国总理周恩来握手，这是中美两国领导人之间22年来的第一次握手。照相机和摄像机镜头对准他们，记录下这一震撼世界的一刻。耐人寻味的是，毛泽东高瞻远瞩，用“小球推动大球”，用“乒乓外交”，打开了中美两国人民友好交往的大门，揭开了中美关系新的一页。

1971年，中国乒乓球队参加了在日本举行的第三十一届世界乒乓球赛。一次训练结束后，中国选手正要上车，这时候，庄则栋看见美国运动员科恩正急急忙忙经过，就打着手势邀请他一同乘车。对于这种出乎意料的邀请，科恩开始有些诧异，但看到招手示意的中国选手面带微笑，便欣然上车，两人还互赠了礼品。中美队员间的友好行为对两国外交产生了积极影响。当天，共同社就发表了“以庄则栋为中心，形成了‘友好之环’”的报道，毛泽东看了这篇报道后

毛泽东与尼克松会谈

毛泽东用过的乒乓球拍

说:“这个庄则栋,不但球打得好,还会办外交。此人有点政治头脑。”通过这一意外的契机,毛泽东产生了“小球推动大球”的构想,决定邀请美国乒乓球队访华,之后不久,中美双方发表联合公告,宣布尼克松总统即将访华。这一消息成为二十世纪最出人意料的外交新闻之一,引起世界的巨大轰动。

就在尼克松访华前夕,毛泽东得了一场大病,身体极度虚弱,走路甚至站立都要人扶,因为全身浮肿,原来的衣服和鞋子都穿不进去了,工作人员不得不为他定做加大的中山装和布鞋。尽管如此,作为党和国家领袖的他,始终关注着中美关系发展的每一个细节。21 日这天,他不时地向工作人员询问尼克松到达北京的时间和活动安排,并决定当天会见尼克松。尼克松得知后感到既兴奋又意外,因为他知道毛泽东正卧病在床。下午,在周恩来的陪同下,尼克松和基辛格走进了中南海毛泽东的会客室。在尼克松到达时,毛泽东用自己的力量从沙发上站了起来,他微笑地望着尼克松,伸出宽厚的大手,此时尼克松也伸出右手,两位世界首脑的手紧紧地握在一起。先是右手,后来左手也搭上去。两个人会心地笑了。

会谈是在一种轻松、愉快的气氛中开始的。毛泽东饶有兴趣地谈起哲学,实质是围绕中美苏三国关系而展开的。尼克松的谈话直接而明白，反复阐述并希望毛泽东积极回应他关心的问题，毛泽东则纵横捭阖，幽默风趣，显得含蓄高深，好似高手华山论剑。但是不管怎样，两人的观点都求同存异，相互敬重溢于言表。

尼克松第一句话就是"主席的著作改变了这个世界"，他赞赏"主席是一位思想深刻的哲学家"。毛泽东则很谦虚，对尼克松说"你的书，《六次危机》写得不错。"还说"你竞选时我投了你一票"。他赞赏尼克松总统上台后对中美关系改善做了许多有益的事。当尼克松详细阐述中美两国虽然制度和意识形态不同，但具有共同的战略利益，并说到他与毛泽东具有共同的家庭出身和人民情结时，毛泽东表示赞同，幽默地说："我们天天说全世界团结起来，打到帝、修、反，但就你个人来说，可能不在打倒之列"。

原定15分钟的会见，却持续了整整65分钟！毛泽东的思维是那么清晰敏捷，他的话语是那么意味深长。他的睿智与风趣，使来访者如沐春风；他的侃侃而谈，使人忘记了他正处在重病之中。

正是这次谈话，打开了中美关系尘封已久的大门。2月28日，中美两国政府在上海发表《中美联合公报》。

1976年9月9日，毛泽东在北京溘然长逝。当天，在大洋彼岸，尼克松深情地回忆："毛泽东对世界形势的客观现实有深刻的了解。中美两国所建立的新关系应当归功于他的这种高瞻远瞩。"

（胡　蓉）

韶山毛泽东同志纪念馆
Shaoshan Mao Zedong Memorial Museum
毛泽东遗物馆
Mao Zedong Relic Museum

第二部分

与毛泽东相关的文物故事

平常的生活账

毛泽东一家的生活账本保存得相当完整，从中我们可以窥探到伟人一家的生活习惯、消费主张等等。毛泽东家的生活账从1952年起1971年1月止，基本保持时间的延续性。这些生活账大致可以分为五类。第一类是粮食、食品账，一共有4本，其中采购粮食账两本，采购食品账1本，食品处理账一本。第二类是日常杂费开支账，共4本，记载毛泽东一家购买洗衣服、肥皂等洗涤用品，添置锅盆碗筷等日常用具，以及医药费、茶叶费、头油、针线等开支情况。第三类为毛泽东和江青衣帽鞋袜分类登记账，包括衣料、布匹、被褥、鞋袜的添置、使用情况。第四类是物品分类账，记录燕窝、银耳、海米等食品，以及手纸、火柴、香烟等日杂的进出量和使用情况。第五类为生活费收支报表，记录毛泽东一家收入及开支情况。

毛泽东有几大项开支。第一项开支是吃饭，每月大概100元，包括他请客，如民主人士，请客都是毛泽东自己掏钱。

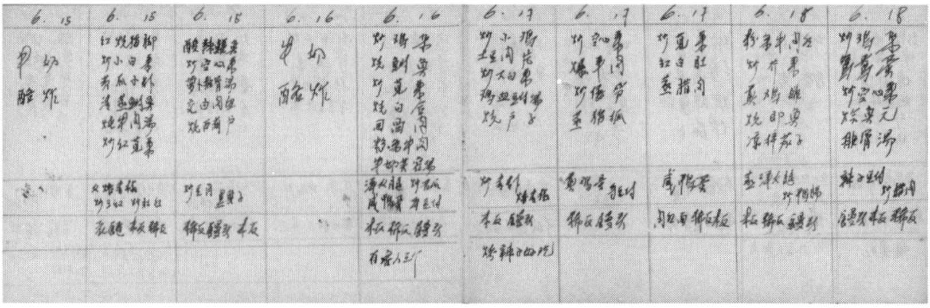

食品账

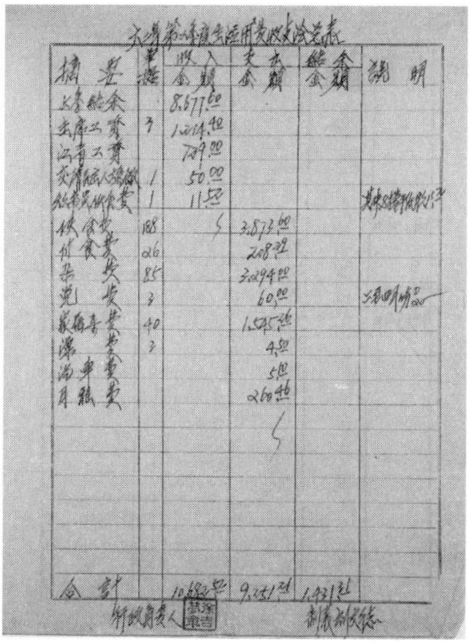

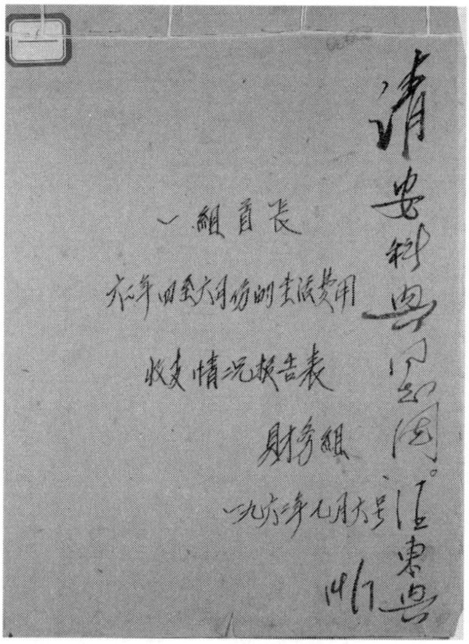

毛泽东的生活费用收支汇总表

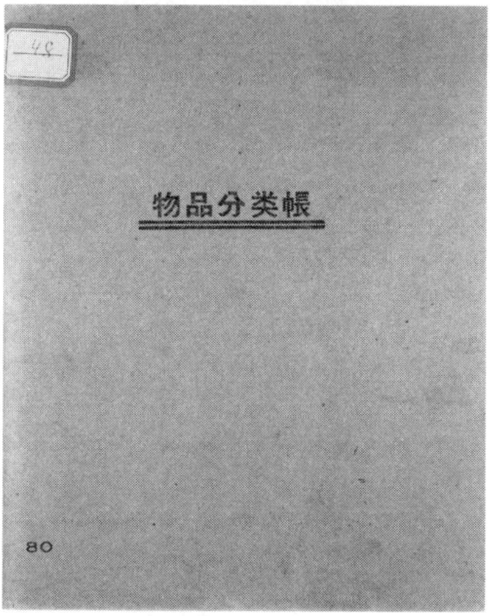

毛泽东的物品分类账

第二项是抽烟和子女生活补贴费用，毛泽东抽烟每个月将近100元。那时李敏、李讷上学，原来一个孩子一个月15元，随着物价的上涨，提高到30元，花起来很严格，这个月花多了，要从下个月扣回来。毛泽东有规矩，孩子们参加工作，拿到工资，他就不再补贴。

第三项开支是房租、水电、家具租用费，包括孩子的、江青姐姐的、江青的，丰泽园的房租都是毛泽东支出。他的家具都是租来的，这些费用每月84元左右，冬天要交取暖费30多元，一共是120多元。

其次还有一笔开支，那是湖南老家来人，有经济困难要补贴的，有来看病的，他们的交通费，吃饭费和走时送礼都是毛泽东出，钱不够用，只好从稿费中开支。毛泽东的稿费是单独管理的，谁要

毛泽东1968年2月19日至1976年9月3日日常杂费开支账

用时得打报告，后面附上账单，一笔笔，清清楚楚，毛泽东签上字，才能到中央特别会计室去取钱。据郑长秋回忆，毛泽东的稿费一直是他管的，当年毛主席的稿费主要用于资助党外民主人士和特殊开支，毛泽东每年都给章士钊、王季范各20 000元，分上、下半年两次。每次稿费的收入和支出都由汪东兴签发，到1976年9月9日毛泽东去世为止，他的全部稿费共计124万元人民币。

毛泽东的这些生活开支完全由身边工作人员管理，他的收入也全部交给管理科。因此，第一组人员不仅是毛泽东的卫士、服务员，也是毛泽东的管家。

吴连登回忆，他从1964年到毛泽东去世，一直为毛泽东管家。毛泽东的工资原来是610元，后来国家经济困难，毛泽东带头把自己的工资降到404.80元，江青的工资是243元。毛泽东夫妻是"AA制"，每个人有一本明细账。

这样一套看似平常的生活账也成为伟人毛泽东留给后世子孙最好的精神财富和真实的教材。

（沈娅迎）

中山装

1949年新中国领袖的照片第一次出现在世界媒体上，毛泽东主席穿着的服装也随之名闻世界。这种标准服以孙中山先生的名字命名，称为“中山装”。由于孙中山的提倡，也由于它的简便、实用，自1911年辛亥革命、1912年建立民国以来，便和西服一起流行。

毛泽东主席对“中山装”很欣赏，他一直坚持穿中山装，因而国外朋友又称中山装为“毛式制服”。新中国成立后，中山装被定为“国服”，毛泽东及其他中央领导人在公开场合一般都穿中山装。

毛泽东身着中山装参加开国大典

毛泽东的中山装一律为5粒扣子。曾经为毛泽东缝过衣服的裁缝赖天老人，至今想起大半个世纪以前的延安岁月，依然记忆犹新。其中最特别的一段，是他在延安晋察冀军事供给部工作期间的“红色裁缝”岁月。他讲的一个给毛泽东做中山装的故事，深深打动着每一个人。

“最记得我第一次给毛主席做中山装。一般人的中山装都是5个扣子的，但是因为主席身

开国大典的盛况

毛泽东等中央领导人在天安门城楼上

材高大，我觉得主席的衣服如果只做5个扣子，间隔太疏了，于是给他做了7个扣子。结果主席提意见，说为什么人家都是5个扣子，我的是7个？这样既浪费，也花费每天穿衣服的时间，要求改回5个扣子。”

“主席那时每天要忙大事，他不愿特殊化，也不愿意花时间在系扣子这样的事情上，至于美不美观，他不是那么看重。”赖天说。从此，主席的中山装一概都只缝5个扣子。

一件小得不能再小的事情，却蕴含着毛主席一贯倡导的深刻的做人做事做官的道理，其中三层意思，令人感触特别深：

一是不能搞特殊化。“为什么人家都是5个扣子，我的是7个？”毛泽东对自己的要求一直是享受与其他干部群众同等待遇，不搞特殊化。在长征途中让红烧肉和辣椒的故事，人们耳熟能详，而在建国后条件有所改善了，他仍然坚持领导干部不搞特殊化，孩子入学，送毛岸英上前线，三年困难时期自减伙食标准，一件件事情，都体现了他的这一思想。

二是要勤俭节约，反对浪费。既然5个扣子也可以，那就不必非扣7个不可。衣食住行，中国人向来把衣放在第一位。穿着是一个人的脸面，不讲究是不行的。但毛泽东觉得美观不美观不那么重要，这种形式主义的东西是他老人家一贯反对的。这一思想，也在他的《反对党八股》文章中有全面的体现。要重内容、重实质，而不要重形式，这是毛主席他老人家教育我们做事的一个重要原则。后来在七届二中全会上提出的“两个务必”，其中之一就是强调要坚持艰苦奋斗的优良作风。

毛泽东1956年在孙中山诞辰九十周年纪念大会上穿过的中山装

三是要讲究工作效率。他的中山装不缝7个扣子的另一个重要原因是这“花费他每天穿衣服的时间”。毛泽东的时间真可以称得上是一寸光阴一寸金，每一分一秒都是非常宝贵的。他绝对不会为了美观，而在每天多花一点时间在扣那另外两个扣子上。只争朝夕，讲究工作效率，是这件小事情给我们的另一个启示。

在伟人毛泽东的身上，有我们学之不尽的东西。他的一言一行、一举一动，都给我们教育和启迪，让我们知道该怎么去做人、做事、做官！

（罗　媚）

补了73个补丁的睡衣

毛泽东对于穿着一贯不讲究，他身边的工作人员周福明、吴旭君等回忆:“主席穿衣一定要大，不喜欢紧身，喜欢空荡。因而，在室内办公时最爱穿宽大的睡衣，随意，不受束缚。”韶山毛泽东同志纪念馆珍藏着一件睡衣，上面缀满补丁，细细数来，竟有73个！许多人不敢相信这就是共和国主席的衣服，可是每当听完睡衣背后的故事，人们总是忍不住感慨万千。

毛泽东穿过的补了73个补丁的木薯棉睡衣

这件睡衣是50年代初，北京东交民巷雷蒙服装店王子清师傅做的，木薯棉质地，夹层，香蕉领，长141厘米，有两个口袋。从那时一直到1971年，毛泽东春秋两季都穿它。

毛泽东对这件睡衣是越穿越有感情，衣服也越穿越破。20世纪60年代初，睡衣的肘部、领部、袖口都有了破洞，一开始，工作人员还能缝补一下，到后来

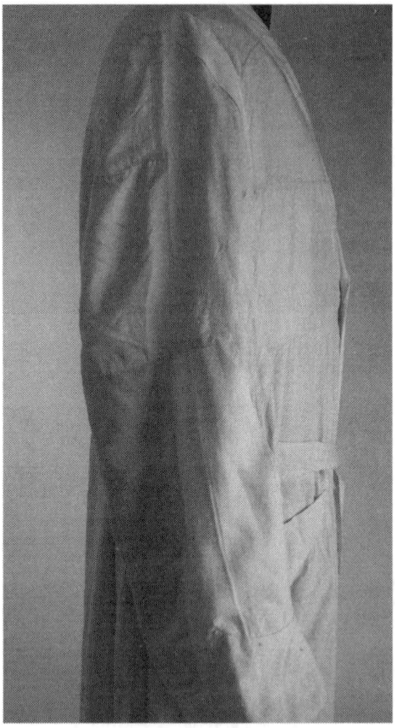

毛泽东穿过的补了73个补丁的木薯棉睡衣

实在无法再补，工作人员请示换件新的，因为没有毛泽东的同意，谁也不能擅自为他添置东西。毛泽东扫视了一眼，说："还是不要换，再请人补补吧！"工作人员只好把睡衣送到北京总后被服厂刘奎元师傅那，请他帮忙缝补，刘师傅真是高手，找了同颜色的布料精心缝补，不仔细看竟看不出补丁来。毛泽东见着后可高兴了，于是以后破了补，补了又穿破，以致工作人员洗这件衣服，都不敢用手搓，只能放在盆子里，放点洗衣粉，稍稍浸泡下，然后小心翼翼地清洗。

毛泽东总是告诫大家，成由勤俭败由奢，共产党人要始终保持着勤俭节约、艰苦奋斗的优良作风。1953年到1962年，毛泽东没有做过一件新衣服，工作人员看到他的衣服破了，劝他换件新的，他总是说："我们国家穷，发的布票少，你不也穿着补丁衣服吗？我为什么就不能穿？因为我是主席？我看还是应该节省点，不要做新的，破了再补补嘛！"

1942年调到延安给毛泽东当警卫员兼马夫的辛克回忆："我给主席洗衣服，出于好奇心，一边洗一边一块一块地数着衣服上的补丁，大大小小足有16块，尽管我小心翼翼地擦搓，一不注意，还是又给搓出了一个洞，衣服干后，我再给补上第17块补丁。

斯诺在《今日红色中国》中写道："我认为毛的家和其他高级官员的家是够不上台湾有人批评他们的生活方式时用的'铺张浪费'一词的。他的'享受'，大致等于长岛一个事业顺利的保险公司推销员在较好的牧场式平房里所享受到的东西。"

在战火纷飞的年代，工作人员想给他添件新衣，他想的是前方浴血奋战的将士，他说:“我少添一件衣服，战士就可以多一发子弹。”在百废待兴的解放初期，工作人员想给他换双新鞋，他想到的是四万万在贫苦线上挣扎的百姓，说:“我们的国家还很穷，不能开浪费的头！”当人们的饭碗里开始有鱼有肉，身上开始有新衣新鞋，他还是说:“共产党人要吃苦在前，享受在后！”

到1971年，睡衣已到了稍不留神，就会脆破一个大口子的程度了，实在无法再穿了，毛泽东才同意换件新的。此时，睡衣已是面目全非，领子全换过，衣袖、前页、下摆等处补丁连补丁，看不出本布，仔细数数，整件睡衣竟有73个补丁，真可谓“百衲衣”！恐怕就连寻常老百姓家也找不出这样一件“稀世珍品”吧！

毛泽东曾说过:“没有条件讲究时不讲究，这一条容易做到;经济发展了，有条件讲究时，仍然约束自己不讲究，这个难以做到。我们共产党员就是要做难以做到的事。”毛泽东是这么说的，更是这么做的。

（马　琴）

补丁裤子

在韶山毛泽东遗物馆，陈列着这样的一条补丁裤子，乍一看，笔挺的裤腿，整齐的裤头，看不出与别的衣服有什么不同。可是你若仔细地凑过去看，就会发现有些不寻常：在臀部的位置打着很大的一圈一圈的罗纹补丁，补得很精致，不仔细看还真看不出补丁来。

1954年8月，英国工党领袖、前首相艾德礼率工党代表团访华。工作人员看见毛泽东正穿着这条补丁西裤，赶紧劝他换一条，谁知毛泽东却不以为然地说："不要紧，哪个看我后面咯！"就这样，主席穿着这条补丁裤子会见了外宾。

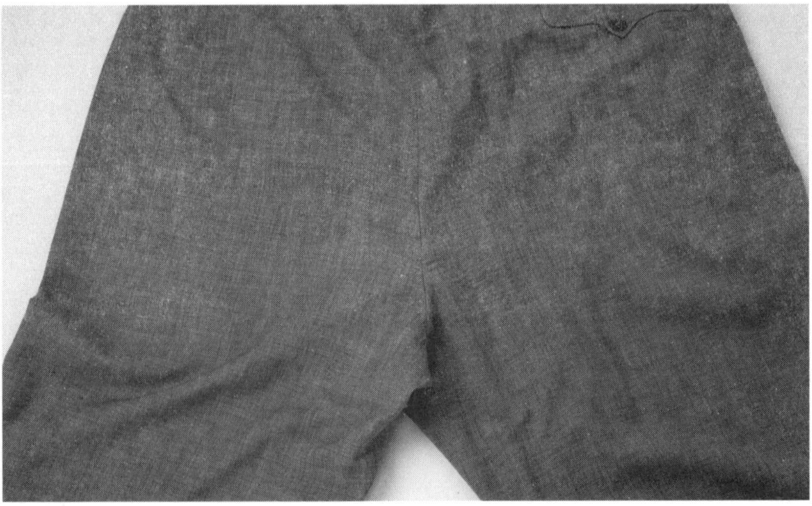

毛泽东穿过的灰色派力司西裤

1963年初夏的一天，周福明到中南海服务处洗衣房给毛泽东取衣服，洗衣服的人说："主席的这件衣服太旧了，没法洗了，是不是换件新的？"几天后，周福明陪毛泽东吃饭，毛泽东正穿着这件衣服。周福明说："主席，这件衣服今年该换了吧？"毛泽东漫不经心地说："现在国家不是还很困难吗，我看再补一补就行了嘛！"周福明小声嘀咕了一句："您是主席。""噢，我是主席，主席的衣服就不能补吗？你不是也穿着补丁吗？""主席，您和我不一样。"周福明连忙解释道。"为什么不一样，就因为我是主席？难道我不是人民中的一员吗？"

毛泽东的衣服大多都打着补丁。他就是这样的一位个性鲜明的领袖人物，穿戴相当的随便，只要他自己认为不伤大雅就可以了。

有天上午，毛泽东在书房里会见胡志明，他穿了件补了又补的白衬衣，脚上穿着双布拖鞋，长筒袜上的补丁分外醒目。不过，胡志明更有无产阶级的"风度"，他赤脚穿着一双越南有名的胶皮"抗战鞋"。

天气太热了，没有空调。胡志明进屋时，衬衣已被汗水湿透，毛泽东一边与胡志明握手，一边替胡志明解扣子："脱了吧，快脱了吧。"

"自己来，我自己来。"胡志明自己解扣脱衣，把汗湿的衬衣搭在沙发扶手上，连背心也脱了下来。

"擦擦汗吧。"毛泽东把一条热毛巾递给胡志明，转身朝外挥挥手，对那些记者说："你们去吧，他是应我私人邀请

建国后毛泽东和斯诺在一起交谈

来走亲戚的。不发消息，也不照相。”

记者们完全被这两位革命巨人的质朴迷住了，停留在门外没有马上走。

美国记者埃德加·斯诺曾经在《西行漫记》中这样的感慨道：“做了十年的红军领袖，千百次地没收了地主、官僚、税吏的财产，但毛泽东全部的财物却依然是一卷铺盖，几件随身衣物……”

正因为有这样的一位领袖、一位巨人，才敢于叛逆，勇于挑战，才砸烂了旧世界，创造了新中国。

（文　婷）

回韶山时穿的皮拖鞋

1966年6月，毛泽东又一次秘密回到了家乡韶山，这也是他最后一次回韶山。在他随身携带的物品中，有一双拖鞋格外引人注目，这是一双斜面、鞋底均为深棕色的牛皮拖鞋，鞋长28厘米，宽11.5厘米，鞋边缝线处已出现多处脱线，鞋面破损。这双拖鞋曾一缝再缝，一补再补，最后连鞋匠都不愿再修。据考证，这双皮拖鞋还是1949年毛泽东第一次去莫斯科时，专列上的工作人员为他准备的。1949年冬，毛泽东首次访苏，要乘十来天的火车，为了减轻毛泽东旅途中的疲劳，专列工作人员特意为他准备了一双皮拖鞋。毛泽东对这双皮拖鞋很满意，他把在专列上穿的这双皮拖鞋带回了家。从此，无论是在家中，还是外出视察，他都把皮拖鞋带在身边。后来，由于穿得太久了，皮拖鞋的样子看上去实在很破旧，鞋面也开始褪色，变得灰头灰脑，十分难看，但毛泽东怎么也舍不得丢。工作人员想为他换双新的，毛泽东坚决不同意。

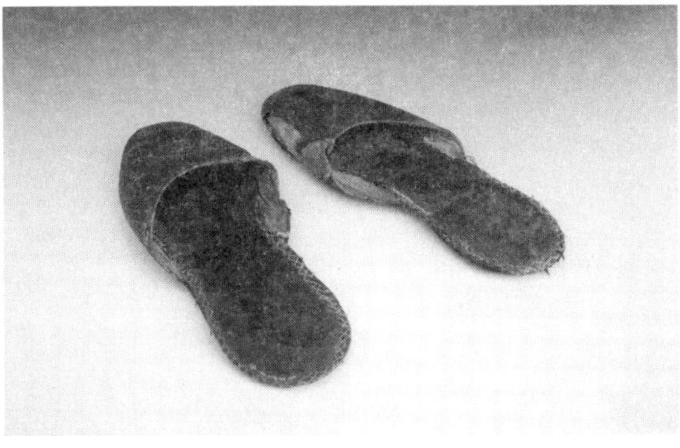

毛泽东穿过的棕色牛皮拖鞋

60年代初，有一次毛泽东视察杭州，下榻于浙江省委招待所。服务员见这双皮拖鞋实在太

毛泽东在杭州

旧了，就用招待所的新拖鞋换了下来，而且准备把皮拖鞋留下来作纪念。毛泽东身边的工作人员发现了，赶快制止，因为他们知道不经主席同意，不能换任何东西，不然是要挨批评的。又有一年，毛泽东来到武汉视察。拖鞋鞋面突然断裂了，工作人员送到鞋店，修鞋师傅非常惊讶："这么破了还补什么？"怎么恳求他也不肯补。工作人员只好自己找了一块擦汽车的麂皮补了一下。后来来到长沙，毛泽东住在蓉园九号。执勤战士在毛泽东居所走廊里见到了这双破拖鞋，不晓得是毛泽东的，便当作垃圾随手丢了。毛泽东外出归来，准备换拖鞋，工作人员苦苦找了半天也未找到，一问执勤哨兵，才知原委，就狠狠地批评了他。哨兵也颇感委屈，嘟哝着："哪个晓得一双这样的鞋也舍不得丢。"说完他快快地从垃圾堆里把破拖鞋捡了回来。

1966年6月，毛泽东回到韶山，住在滴水洞，又发生了同样的情况——他的鞋子又被人当作垃圾丢掉了。也难怪别人，因为他的拖鞋实在太破旧了。也是在滴水洞，这双拖鞋坏了。毛泽东不愿穿别墅里的新拖鞋，工作人员只好找人帮他修理。但韶山当地没有能补这样破旧拖鞋的师傅，省委接待处一位叫肖根如的同志只得专程赶到长沙修鞋。长沙的大师傅一见这双鞋就对肖根如说："这样的

毛泽东与家乡工作人员在一起

鞋还拿来修什么？不能修了！”肖根如不能告诉他这双鞋的主人是谁，只能连连跟师傅说好话。最后，这位师傅尽管一千个不愿意，还是勉强修好了拖鞋。从此，这双鞋再也不敢拿出去修了，只好由工作人员自己动手，拖鞋上面的那些颜色不一的大小补丁就是毛泽东身边工作人员的“杰作”。

60年代末，这双皮拖鞋已破得连工作人员也没办法补了，更不用说再去找鞋匠补了，但毛泽东还是不准丢。有时，他要得急，一时又找不到合适的皮革，没办法，工作人员便有什么就补什么。就这样，一双拖鞋变得花花绿绿的。在1964年5月的日常杂费开支表中，就有为毛泽东的“皮凉鞋换底，用去手工费2元”的记载。

70年代初，不管再怎么努力，这双鞋实在没办法补了，毛泽东终于同意与跟了他20多个春秋的“老朋友”说再见了。

（张　娟）

“结实耐用”的旧毛巾

韶山毛泽东遗物馆珍藏着毛泽东遗物6 000多件，其中就有无数破烂陈旧至极的白毛巾、小面巾，这些都是棉质材料，平织工艺，没用高档材料，没有复杂工艺，不配花色，最是简单，极为普通，与寻常百姓家使用的没有两样，背后却有着很多不平凡的故事。

毛泽东遗物中的所有毛巾、面巾一律是白色。这并非因为白色看上去显得干净，不易藏污纳垢，而是因为毛泽东个性恬雅，偏爱素雅颜色，不喜华糜艳丽，偏爱白色的毛巾。毛泽东的洗脸毛巾晾挂在卫生间，工作人员为他在墙上牵了一根铁丝，高度适中，毛泽东取挂毛巾极为方便。

毛泽东生前还使用面巾，一般置于卧室、客厅等他常活动的地方，也都是纯白色的。毛泽东在饭前饭后常用面巾擦嘴擦手，天热出汗时也用面巾揩汗。面巾是经过消毒的，用一个小碟盛放在茶几上，毛泽东取用时较为方便。起初，毛泽东常常感到这样做过于麻烦，但保健人员要求

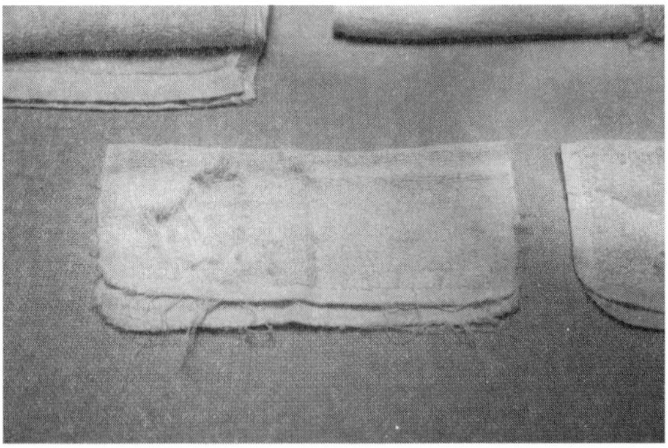

毛泽东用过的旧毛巾

这么做，并以“病从口入”的医训相劝，毛泽东便也无可奈何。久而久之，习惯成自然，毛泽东便渐渐适应了。毛泽东一生倡导勤俭节约，反对任何形式的浪

毛泽东用过的脸盆

费。他在使用毛巾和面巾时向来崇尚节俭，坚持需要多少就买多少，不允许一次多置毛巾、面巾，免得浪费。而且，毛泽东的毛巾也比一般人的“结实耐用”，因为他反对洗脸时在毛巾上打肥皂，主张清水洗濯。这样，他的毛巾便减少了肥皂的腐蚀，比一般人的要耐用许多。

毛泽东艰苦朴素的生活作风在旧物利用上表现得淋漓尽致。他恋旧的心理众所周知。在他眼里，不管用得多破的毛巾都属尚可利用的物品，都要有效地利用起来，不能浪费。有一次，洗衣工人为毛泽东洗一条毛巾被，一不小心搓破了，便觉得这条毛巾被不能再用了，于是便建议让毛泽东换一条新的。可是毛泽东任凭工作人员怎么劝说也不同意更换。工作人员无奈中只好继续给他补。这样，毛泽东又能用上若干年。毛泽东为此感到特别高兴，但工作人员却为难了，因为这条毛巾被实在太破旧了，根本无法正常洗刷。好在工作人员脑筋灵活，他们不再送到洗衣工人那儿洗，而是自己泡上一盆肥皂水，将毛巾被放进肥皂水中浸泡一下，然后再到清水中漂一漂。这种方法洗出来的毛巾被自然不及搓洗过的干净，但毛泽东从不计较。

毛泽东的破旧毛巾被还曾送到上海毛巾厂织补过。每次毛泽东去上海，工作人员都要仔细地考虑是否有东西要带到上海去缝补。有时他们带去一件棉毛衫，有时带去几双棕色长筒衫袜，有时

则带上一条破了的毛巾被。工作人员认为上海工人手艺好，不仅做出来的毛巾被好看耐用，而且织补过的东西精致，于是便经常带上这些破旧物品去上海。当然，上海的工人师傅是不会知道这些破旧物品的主人的，否则不知会令他们惊讶到何等程度呢！织补过的毛巾被比缝补丁的自然是既美观又耐用，每每织补过一次，毛泽东都能再用上一段不短的时间。工作人员对上海工人的手艺称赞不已，毛泽东见了也赞不绝口。

毛泽东反对多添置新毛巾，更反对扔弃旧毛巾，长期使用经久耐用的补丁毛巾，不仅是他独特的个人习惯，更蕴含着深刻的精神内涵。

（张　旭）

精心保存的毛岸英遗物

1990年，中共中央警卫局在清理毛泽东的遗物时，竟意外地发现了一批毛泽东精心收藏的毛岸英的遗物。大家都惊呆了，因为到毛泽东去世时，岸英已经牺牲了整整26年！毛泽东竟还舍不得丢弃这些东西。按照韶山风俗，逝者生前遗物，特别是衣服，往往随之焚烧，以免生者睹物伤心。可是毛泽东却并没有这么做，而是把爱子的遗物默默地保存了整整26年。毛泽东是一位大战略家，又是一位人中伟丈夫，同时心细如丝，这中间隐藏的创痛与对儿子无尽的思念，难以言说。

1950年，朝鲜战争爆发，岸英自愿参加了中国人民志愿军。当时有很多人都建议毛泽东不要同意岸英赴朝作战，但主席却非常坚定地说："我毛泽东的儿子不去，谁去？"

毛泽东和长子毛岸英在一起

就这样，明知道上战场会有流血牺牲、会有生离死别，主席还是毅然把岸英送到了抗美援朝的前线。

1950年10月15日，毛岸英随志愿军总部雄赳赳气

毛岸英少年照

昂昂跨过鸭绿江。11月25日，抗美援朝第二战役打响。这天上午11点左右，4架美军轰炸机掠过志愿军总部向北飞去，突然又从北边飞回，迅疾飞临作战室上空，疯狂地倾泻了上百颗汽油弹，此时，毛岸英刚登记、发完有3个A字的加急电报，汽油弹就暴雨般落下，他与另一位参谋高瑞欣陷入一片火海……

毛岸英牺牲了，年仅28岁！这是毛泽东一家牺牲的第六位亲人。毛泽东在北京新6所1号楼，从叶子龙和江青口中得知这一噩耗，怔怔地在沙发上坐了半晌，良久，才点燃一支烟，使劲抽起来，一支接一支，最后长叹一声：“唉，谁叫他是毛泽东的儿子呢！”

他不会忘记，为了革命，自己抛家别子，儿子很小随母坐牢，失去母亲后又曾带几个弟弟流落街头。他多么想弥补对儿子的亏欠呵！是的，他是一党一国的最高领导人，难道这个还不能办到吗？然而，恰恰因为他是毛泽东，所以，他才更不能有办事私的特权；正因为毛岸英是毛泽东的儿子，所以，才更应该有比一般群众的儿子有更高、更严格的要求。

彭德怀回国，面见毛泽东，心情沉重：“主席，我没有保护好岸英，我有责任，请求处分……”

毛泽东说：“革命战争，总是要付出代价的，为了国际共产主义事业，反抗侵略者，中国人民志愿军的英雄儿女，前赴后继，牺牲了成千上万的优秀战士，岸英只是其中之一……”

1954年12月，志愿军总部发电军委总干部部，询问如何安置毛岸英遗骨。总干部部复电要求运回北京，彭德怀认为不妥，24日写信给周恩来："我意即埋在朝鲜，以志司或志愿军司令员刊碑，说明其自愿参军和牺牲经过，不愧为毛泽东的儿子。……"周恩来将此信给毛泽东看，毛泽东表示同意，于是，在朝鲜平安道桧仓郡的志愿军烈士陵园，出现了一座"毛岸英烈士之墓"。

毛岸英在朝鲜穿过的衬衣，为白棉布底，印赭色细方格，商标为一树叶，标有"荣新内衣厂出品"字样，左胸口袋，长袖，有7粒小白色胶扣，其中袖口两粒；领口有"130114领衬"字样。领口严重发黄，衣下摆也发黄，衣前胸有黄迹。

毛岸英参加志愿军后戴的蓝色棉帽，帽顶径20厘米，面料为蓝色，帽舌有较密机缝的线，两边有护耳和后帽沿，帽里为灰色，有螺旋形机缝线。

毛岸英在朝鲜穿过的灰色沙袜，长57厘米，

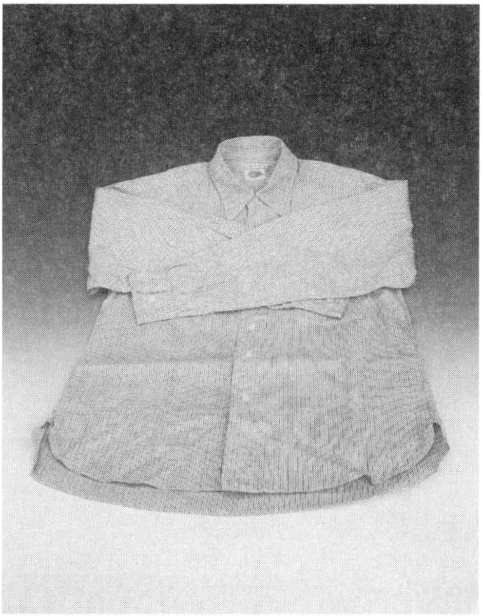

毛岸英在朝鲜穿过的细格长袖衬衣

毛岸英在朝鲜戴过的帽子

毛岸英在朝鲜穿过的袜子

底长24厘米，为长筒袜，沙织，袜底前部、后跟各有一个黑布补丁。磨损严重，已褪色。

毛岸英在朝鲜穿过的浅蓝色长袖改短袖衬衣，长24厘米，肩宽39厘米，袖长53厘米，胸围92厘米。这本是一件长袖衣，剪下的袖子中一只已剪去约“长24×宽7厘米”补在衣领上，为浅蓝色竖条格，左胸有1个口袋；有白色胶扣5粒，袖子上有小白胶扣两粒。

另一件鹅黄色短袖衬衣，长64厘米，肩宽38厘米，袖长17厘米，胸围110厘米。为棉质。商标为“冠军champion DAHJRMG”。有1个口袋，5粒白色胶扣。领口已磨损，衣正身有黄斑。

毛岸英在朝鲜用过的一条白毛巾为棉质，长71厘米，宽27厘米，呈长方形，两头有穗，在毛巾一头的右下角盖了一个浅黑色菱形章，上面的字迹已模糊。这条毛巾已严重磨损，多处有大、小破洞，并有大面积黄斑。

（曾　洁）

独特的寝具

——大木床

毛泽东一生艰苦朴素，自甘清贫，在生活起居方面以简单随意著称，但对自己的床却有与众不同的“讲究”。一生喜爱简朴的毛泽东，却为后人留下了一笔惊人的“财富”！

毛泽东自己说过：“人生几乎有一半时间是在床上度过的。至于我更是比一般人在床上度过的时间要多。因此，我的床一定要舒服一些。”这张既不高贵又不豪华的大木板床可谓来之不易，这其中还有一段故事呢。

当毛泽东初进北京时，便对身边工作人员发了一通脾气。原来，他对卧室那张弹簧床极不满意。其实，这间卧室内惟一豪华的

毛泽东的卧室

家具就是这张弹簧床。警卫员还是头一次见到这种床，坐在上面就像是坐在沙发上一样。他们觉得这个床要比毛泽东在农村时睡的任何一张床都要高级，于是将这张床摆好，等待新主人休息。可毛泽东并不买账。他看到这张床，声音很高地对工作人员说："为什么要给我买这样的床？这床比木板床得多花多少钱？为什么昨天能睡木板床，今天就不能睡了？我睡木板床已经习惯了，觉得睡木板床就很好。我不喜欢这个床。"他指示卫士们赶紧撤走弹簧床，并说："我还是睡木板床舒服。"

毛泽东发火引起工作人员的恐慌，临时到哪里去找木板床呢？而毛泽东以前睡的木板床又没有带来。这可怎么办？大家思来想去，决定还是劝毛泽东暂时先在弹簧床上睡一觉，第二天再想办法。

正在伏案工作的毛泽东听了这种安排，头也不抬地说："弄了木板床来后我再睡。"显然，毛泽东牛脾气又上来了，如果不能弄到木板床，他是不肯睡觉休息的。于是，管理科的人赶紧请木匠连夜为毛泽东赶做了一张大木板床。天快明了，毛泽东终于看见了这张

堆着书籍的大木床

木床，很满意，上床倒头就睡，而那张豪华的弹簧床被冷落一边，直到后来被搬走。

毛泽东外出时常用的帆布袋

几个月后，这张木板床随着毛泽东搬进了菊香书屋。毛泽东深为满意。此后，他一直睡这张木板床，未曾改变过。不久，工作人员又对木板床进行了改造，改进后的木板床有两个特点：一是普通，毫无刻意雕饰，与一般人家的木板床并无区别；二是宽大，可以放很多书。木床变大了，足有5尺宽，一边高一边低，高的一边睡觉，低的一边摆书，床的一半是用来放书的。

毛泽东有躺在床上看书、看报、办公的习惯，特别是晚年，他在床上办公、看书的时间比睡觉的时间长很多。

平时，床上的书堆得足有一尺多高，摆在床边的都是他平常最喜欢看的。据周福明回忆，床上那三摞书中紧挨毛泽东睡觉的那一排是与毛泽东形影不离的，外出任何一个地方，无论路程远近，不管时间长短，不用开书单，周福明必须专门用个小箱子单独地把它们全部随身带上，每到一个地方首先把它们摊开，像在家一样摆在毛泽东睡觉的床铺上。这些和他相伴的书都是平时常要看的，一摞摞有秩序地排在床铺的半侧，等候着主人去阅读、理解和思考。

新中国成立后的二十多年里，毛泽东每年都会安排一定的时间到各地视察调研。每次外出，为了不给当地政府增添麻烦，他都用一个帆布袋把自己床上的东西带上，到了住的地方就换上自己的生活用品。有一年，他到了武汉，住进东湖招待所。地方上的人不了解毛泽东的习惯，就准备了一张弹簧床放在他的卧室里。但毛泽东住下后什么都没有说，卫士感到很奇怪。第二天早上，卫士走进卧室一看，吓一大跳，原来，毛泽东在地板上睡了一晚。

这就是毛泽东，喜欢粗茶淡饭，喜欢睡硬硬的木板床，同时也酷爱读书。

（卢　晴）

反复使用的磷皮火柴盒

一盒火柴，区区小物。毛泽东遗物中的许多空火柴盒却大有故事。这些小小的盒子，都是工作人员精心保存下来的。

毛泽东每天要抽许多香烟，火柴的消耗也就很大。战争年代和解放初期，他一天可吸一包烟。遇到通宵达旦的紧张工作，他抽得更多。毛泽东晚年因患上了气管炎，烟吸多了就不停地咳嗽，工作人员便每次把一支烟一折为二，以减少吸烟量。但这样火柴的消耗量却增加了，毛泽东似乎意识到了这一点，他便特别注意火柴盒的重复利用。

毛泽东在抽烟

毛泽东抽烟从不要别人给他点火，总是自己动手。他擦火柴的习惯也与众不同。刚买来的火柴，一般人大都是在火柴盒两侧磷皮上随手擦划，而毛泽东每次点火时都十分慎重，只擦磷皮的两端。结果，一盒火柴用完了，磷皮的中间部分还未擦过。

一位新来的工作人员在收拾毛泽东的物品时，随手把几个空火柴盒扔进了垃圾桶，毛泽东发现后叫他捡了回来。这位工作人员不解地问："主席，空盒子还要啊？"毛泽东说："凡是可以用的，都不能丢掉。"

事后，这位工作人员与其他同志闲聊时说："一盒火柴一分钱，空盒子留下来干什么？扔了就扔了呗！"刚好这句话让毛泽东听到了，他很生气，叫来了这位工作人员谈话："你这么说是错误的。我们国家还很穷，凡事都要节约，浪费不起哟。火柴盒确实不值钱，但它是用木材做的，丢掉它不就是丢掉木材吗？"工作人员听后恍然大悟，羞愧不已。原来，毛泽东的"分区使用"，是为了节约每一寸木材。

此后，毛泽东身边的工作人员都十分细心地将用完的空火柴盒保留下来，专程去火柴厂买回大量零火柴棒，重新装上再次利用。于是，一只空火柴盒便反反复复使用多次，直到完全不能用了才扔掉。

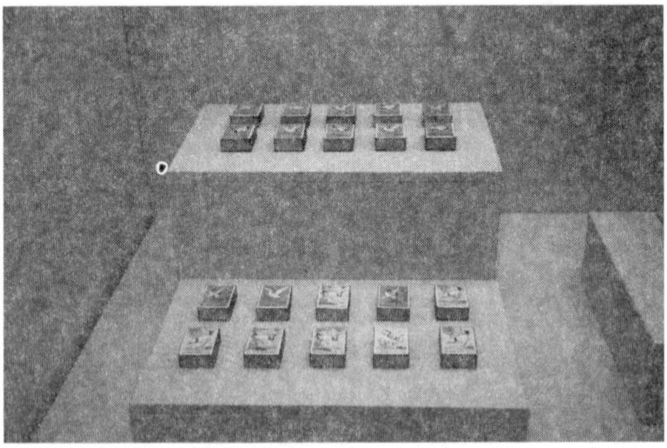

反复使用过的火柴盒

在一般人的眼里，使用打火机点烟比用火柴要方便多了，而且还显得气派一些。但毛泽东却不这样认为，他一生只用火柴，从不曾用过打火机。或许，他已闻惯了火柴的那

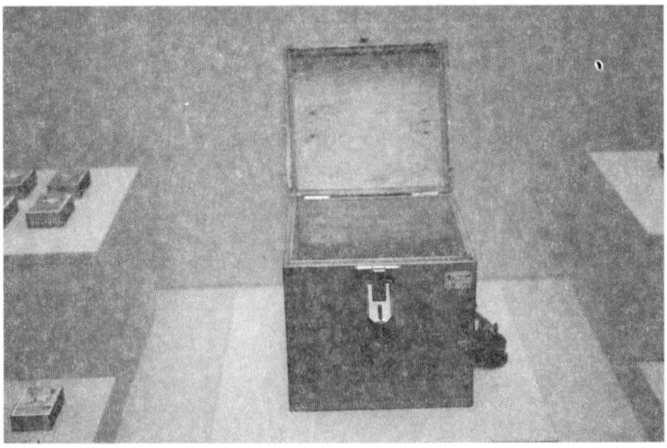

工作人员为毛泽东特制的烤烟箱

种独特的气味，直到晚年戒烟时为止，他都用火柴点烟。他究竟用掉了多少火柴，无人统计也无法统计。反正，在丰泽园那个特制的匣子里，就堆满了毛泽东作用过的空火柴盒。如今，这些空空的普通火柴盒，已成为一代伟人毛泽东勤俭节约的见证。

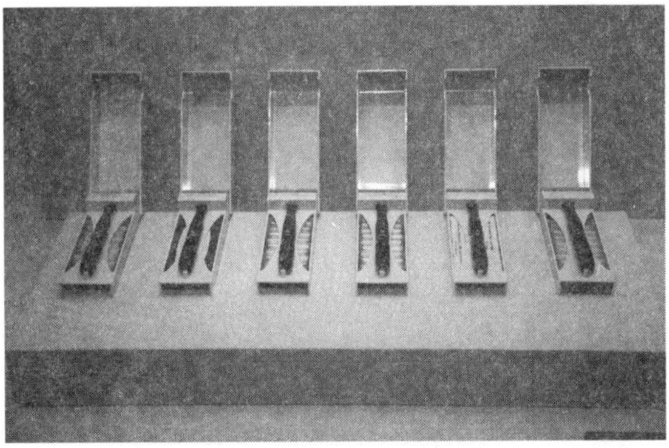

毛泽东使用过的烟嘴

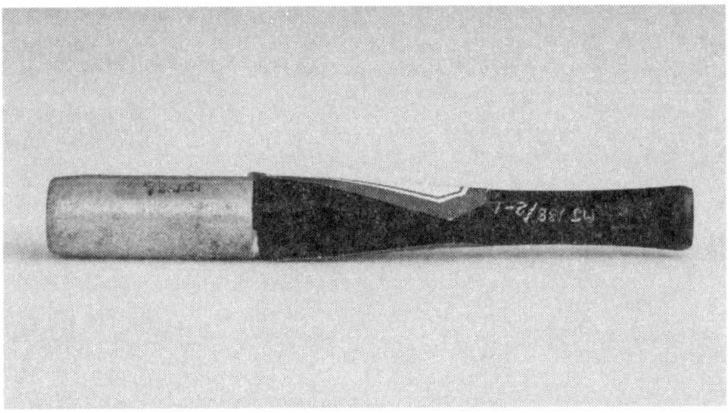

毛泽东用过的烟嘴

（张　旭）

不寻常的单腿眼镜

毛泽东曾经说过："饭可以一日不吃，觉可以一日不睡，书不可以一日不读"，他还说："人要是有了学问，好比站在高山上能看更多更远的东西；要是没有学问，就像在暗沟里爬行，那是苦煞人的！"毛泽东酷爱读书，孜孜不倦的读书生活伴随着他的一生。

从1974年春开始，毛泽东觉得自己看东西模糊、吃力了。8月，毛泽东在湖北武汉东湖宾馆作眼睛检查时确诊为"老年性白内障"。后来随着病情的不断加剧，他几乎近于失明。这对于一位多年来自己批阅文件的人，一位手不释卷的人来说，无疑是一个沉重的打击。1975年8月，根据他的身体状况，经中央批准为他实施了白内障手术。术后，医生唐由之根据需要为毛泽东配制了两种眼镜：一种是两条镜腿的，一种则是一条镜腿的即单腿眼镜。

为什么给毛泽东配制这种单腿眼镜呢？因为毛泽东有卧床看书、批阅文件的习惯，时间一长，太阳穴便被眼镜腿压出深深的凹痕。用上这种单腿眼镜后，当毛泽东向右侧躺时就戴没有右腿的，当左侧躺时就戴没有

单腿眼镜

左腿的，彻底解决了眼镜腿压迫太阳穴的问题，毛泽东非常满意。

有一次，毛泽东戴上单腿眼镜，捧着书贪婪地阅读，医护人员看见了，不忍心他再受读书之苦，只好把书拿走，并劝告说："主席，为了您的健康，您不要再读了。"这时候，毛泽东有些茫然了，他的意志和毅力是坚强的，几十年来谁曾阻止过他的行动呢？如今，医生竟敢连书也不准他读了，他伤心地流下了眼泪："我一辈子就是爱读书，可现在……"

毛泽东在查阅书籍

毛泽东视力稍有恢复，就像往常一样开始看书阅读，为了防止他用眼过度，医护人员便要求每天的用眼时间不能超过半个小时。这项规定对于毛泽东来说近乎苛刻，于是，他便和医护人员玩起了"捉迷藏"的游戏：医护人员在他身旁时，他就假装闭目养神，可只要医护人员一离开，他就会立即从枕头底下掏出书本，如饥似渴地读起来。不久，医护人员发现了这个秘密，他们开始搞"突然袭击"，多次把书从全神贯注的毛泽东手中拿走。这时，毛泽东竟一时手足无措，就像做了错事的小学生似的，尴尬地笑着说："今天刚看了一会……"

毛泽东一生酷爱读书，无论是在风华正茂的学生时代，还是戎马倥偬的战争岁月，或是日理万机的建设时期，他总是孜孜不倦地勤奋读书，如饥似渴地寻求新知，即使晚年病魔缠身，他仍然以惊人的毅力坚持读书。到了1976年，他的身体更加虚弱，大多数时间都躺卧在床上，但他克服病痛的折磨，依靠单腿眼镜，重新阅读

《容斋随笔》

了《二十四史》、《鲁迅全集》等大量书籍。

就是在生命中的最后日子里，毛泽东的鼻子下面插着氧气管和流质管，由于肺心病的困扰连说话都很困难了，可他还在向工作人员要书看。就在他辞世前14天，他向工作人员提出要看《容斋随笔》。当工作人员从柏林寺书库取来《容斋随笔》时，他已无法独自阅读这本书，他的手颤抖得厉害，没有了力气，只好由工作人员坐在床头，为他一页一页地读着书中那精彩的篇章……

如今，毛泽东已经离开我们近40年了，而这两副不寻常的单腿眼镜却保留在毛泽东遗物馆里，它也成为了毛泽东读书生活、读书精神的历史见证。

（彭　艳）

道是无情却有情

翻开隽永的历史长河，人世间最由衷的快乐莫过于亲情，即便是世人眼中空前旷后的一代伟人毛泽东也不例外，对自己的亲友，他既严又爱，处处严格要求，但又时时流露出他那丰富而细腻、充满着温情的亲情。他对亲友的态度充分反映了第一代中国共产党人的新家风。

作为一位伟人，毛泽东的思想和活动在一定程度上受他生长的社会环境的影响。他从小就常在外家生活，与外婆家关系十分亲密，外婆家成员对青少年时期的毛泽东有着较大的影响。他曾说过："我为全社会出一些力，是把我十分敬爱的外家及我家乡一切穷苦人包括在内的。我十分眷念我外家诸兄弟子侄，及一切穷苦同乡……"

新中国成立初期，毛泽东外祖家的亲戚和朋友，经常到北京去看望毛泽东。有的人从北京回到湘乡后，非常神气，讲大话，摆架子，不把当地政府放在眼里，在群众中产生了不好的影响。1954年初，毛泽东的表侄文炳璋由部队转业回到家乡，担任了湘乡县石城乡武装部长。他到职后，听到了家乡群众对文家成员的反映，便着手进行了解，发现确有一些人因为去北京见过毛泽东而在群众中讲大话，有的人还很骄傲，不大听从地方干部的管理。文炳璋感到这是一种不正的风气，于是给毛泽东写了一封信，汇报了文家有人"不大服政府管理"的情况。毛泽东接到这封信后，立刻感觉到

毛泽东和外家亲友在一起

这是一件非常严肃的事。于是，1954年4月29日，他专门给湘乡县石城乡党支部和乡政府写了一封长信。在信中，毛泽东指出："我的亲戚唐家圫文家，过去几年常有人来北京看我。回去之后，有些人骄傲起来，不大服政府管，这是不对的。文家任何人，都要同乡里众人一样，服从党与政府的领导，勤耕守法，不应特殊。"他在信中还特别强调说："请你们不要因为文家是我的亲戚，觉得不好放手管理。我的态度是：第一、因为他们是劳动人民，又是我的亲戚，我是爱他们的。第二、因为我爱他们，我就希望他们进步，勤耕守法，参加互助合作组织，完全和众人一样，不能有任何特殊。如有落后行为，应受批评，不应因为他们是我的亲戚就不批评他们的缺点错误。"

毛泽东这样廉洁奉公的原因，严格要求亲属，这在1937年11月给文运昌的信中就说得十分清楚："……我十分眷念我外家诸兄弟子侄，及一切穷苦同乡，但我只能用这种方法帮助你们，大概你们也是已经了解了的。"毛泽东作为全国人民的领袖，时刻记住"人们会要说话的"，把自己置身于人民的监督之下，模范地遵守党的纪律，不谋私利，全心全意地为人民服务，为我们树立了榜样。

在毛泽东的教育下，毛泽东外婆家的亲戚大都能遵纪守法，努力工作，安心务农，奋发向上。唐家圫参加工作的部分一些亲戚，都是在工作中表现出色，经当地党政推荐、选拔、考试合格而录取

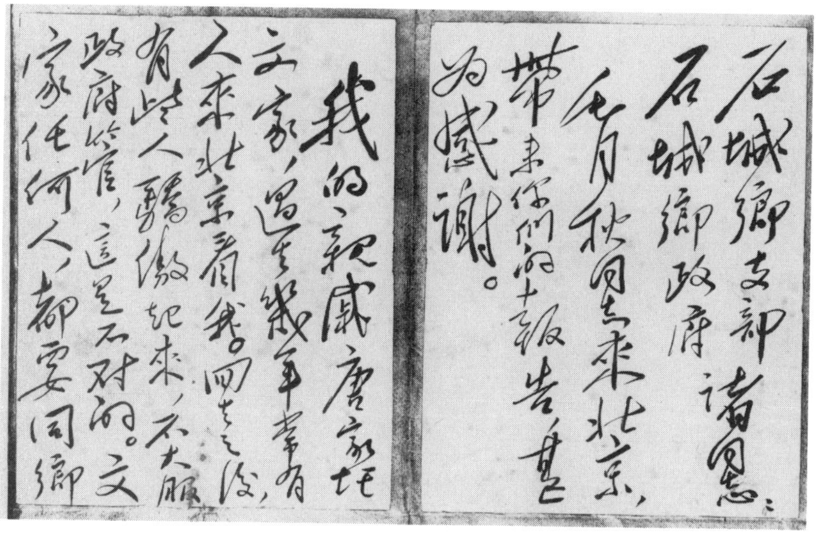
石城乡支部
石城乡政府：请鉴：
毛月秋自愿来北京，
带来你们的报告，甚
为感谢。
我的亲戚唐家圫
文家，过去几年当中有
人来北京看我，回去之后，
有些人骄傲起来，不大服
政府管，这是不对的。文
家任何人，都要同乡

毛泽东外婆家当地政府的信

的。几十年来，唐家圫的亲戚们听毛泽东的话，无一违法乱纪行为，也没有伸手向国家要这要那，而是靠自力更生，艰苦奋斗，勤俭持家，过上了幸福生活，并且每年向国家贡献近万斤粮食。

古人说：“其身正，不令而行；其身不正，虽令不从”。毛泽东大公无私、薄身厚民的伟人风范，倍受人们的敬仰，曾

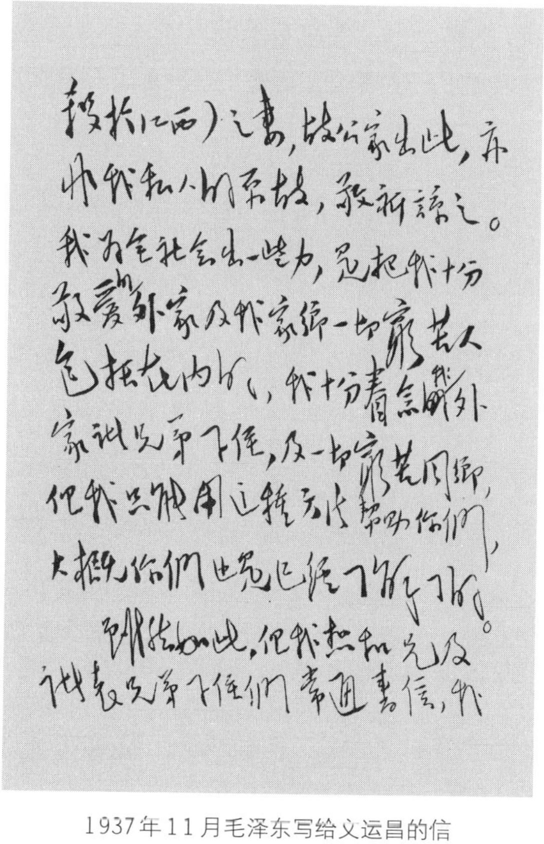
谈於（江西）之事，彼公家出此，亦
非我私人的事情，敢祈谅之。
我为全社会出一些力，是把我十分
敬爱的外家及我家乡一切穷苦人
民包括在内的，我十分眷念我外
家诸兄弟子侄，及一切穷苦同乡，
但我只能用这种方法帮助你们，
大概你们也是已经了解了的。
虽然如此，但我想和兄及
诸表兄弟子侄们常通书信，我

1937年11月毛泽东写给文运昌的信

毛泽东的外婆家

经感染着和影响了整整一代人，转化为强大的凝聚力和向心力，成就了我们党令人羡慕的党风。在当今新的历史条件下，面对执政和改革开放的考验，面对党风廉政建设较为严峻的形势，党要管党，从严治党，匡正党风，我们重温毛泽东的亲情观，回顾毛泽东的亲情故事，仍具有重要的现实意义。他对其外婆家亲戚的严格要求，表现了一个革命领袖的大公无私和高风亮节，也表现出了他对亲友的另一种挚爱，真是“道是无情却有情”！

（张　娟）

放大镜和大字本

毛泽东经常说:“饭可以少吃,觉可以少睡,书可不能少读啊!”他数十年如一日,始终把读书当作是比吃饭、睡觉还重要的事情。到了晚年,平装小字本的书戴高度数的眼镜都无法看了,他就借助放大镜。

1951年3月,“九三”学社送给毛泽东一把象牙柄的放大镜。此后,毛泽东看书、办公就用这把放大镜,由于用的时间长,到1963年春,放大镜镜框裂了口,工作人员拿着放大镜对毛泽东说:“主席,放大镜坏了,买个新的吧。”毛泽东从工作人员手中拿过来,仔细看了看,说道:“这放大镜跟了我十多年,只是镜框裂开了,还是麻烦你送到修理师傅那里修一修继续用吧。”工作人员便送到上海光学仪器厂修理,由于不便公开这是毛泽东的用物,就把镜柄上的字用白胶布缠上了,说是一个外宾下午二点要离开,请抓紧时间修好。工人师傅拿起这把放大镜,不经意中把胶布撕开,发现了这是毛泽东用的放大镜,工人师傅为之肃然起敬,于是马上重新调整了放大镜的倍数,把镜面加大,把象牙柄改成了优质塑料柄。

毛泽东使用过的放大镜

工人师傅还决定给毛泽东

毛泽东在看报

再做两把新的，一把是圆形柄，一把是葫芦形柄，镜片是玻璃质地，镶嵌在米黄色的硬塑料框中。设计者考虑到毛泽东的年龄，特意把镜面加大、倍数增高。工作人员按约来取放大镜时，厂里的师傅们把这两把新的和修好的放大镜一同如期“交货”。毛泽东使用上后，很喜欢。

毛泽东看书没有固定的地方，办公桌、饭桌、床上、沙发上等，到处都是他读书的地方，工作人员便在大厅和卧房里各放了一把放大镜，这样，毛泽东可以随手取用。毛泽东外出视察时，工作人员也总忘不了随身带着放大镜。有一次在外出的列车上，毛泽东和有关领导谈话后，已经是晚上10点多钟了，他捧起列宁的《国家与革命》，全神贯注地读了起来。由于这本书的版本是解放社于1943年8月刊印的，印质较差，字型也小，毛泽东只好借助于放大镜阅读。列车上的服务员见到这种情形，非常心疼地劝他说:“主席，这样看书会损坏眼睛的。时间这么晚了，您也该休息了。”毛泽东非常和蔼而又十分诚恳地对服务员说:“这没关系，我不累，为了革命和工作，应该抓紧时间多读点书。”晚年的毛泽东就是这样，在火车上、飞机上、轮船上及各省市地方空闲时，方便、及时地利用自备放大镜争分夺秒地阅读学习。

1971年，毛泽东生了一场大病，看书更离不开放大镜了。用放大镜时间长了，既不方便，也容易疲劳。为此，毛泽东就叫工作人员与国家出版局联系，用自己的稿费把要看的小字本的书印成平装大字本或线装大字本，大字本分成薄册子，这样比较轻，躺着看、拿在手上看都很方便。

毛泽东看书是为了学以致用，为了革命和工作。他不仅自己如此，对其他领导干部，也如此要求。到了晚年，为了方便老同志阅读马列著作，毛泽东曾经提议印制大字本。1963年，毛泽东提出学习30本马列著作的意见。7月11日，他在中南海颐年堂召集中央分管理论宣传教育工作的同志，就学习马列著作问题做出布置，他说，要读几本、十几本、几十本马列的书，要有计划地进行，在几年内读完几十本马列的书，要有办法引起高中级干部读书，并提出30本书都要出大字本。8月4日，他又专为印马列著作大字本问题写信给时任中宣部副部长的周扬，并且嘱咐封面不要用硬纸，如《唯物主义和经验批判主义》、《反杜林论》，应分装成4本或8本，使每本重量减轻。毛泽东对印大字本关照得如此细密周到，是为便利一些老同志阅读，当然也包括他自己在内。

大字本

毛泽东不仅读政治方面的书，也读自然科学方面的书。为了新中国的建设，毛泽东关注着科学工作的发展，非常尊重科学工作者，《天文-地质-古生物资料摘编》大字本见证了毛泽东和科学家李四光的情谊。

毛泽东和李四光

20世纪50年代初，国内外一些所谓

专家、权威都认为中国是个贫油国家。1953年的一天，毛泽东把当时担任地质部长的李四光请到中南海，毛泽东问李四光："在我们的地底下究竟能不能找到石油？"李四光满怀信心地说："我们中国的地质条件很好，问题在于我们的勘察工作要跟上去。我主张广泛地开展石油普查工作。"

毛泽东很重视李四光的意见，成立了一个单独的石油工业部。根据李四光的地质力学理论，我国地质科学工作者和石油科学工作者广泛开展普查勘探，先后找到石油。毛泽东非常高兴。

1969年5月19日，毛泽东接见来自全国各地的代表，陪同接见的人员中有地质学家李四光。人们看见，毛泽东边向代表们挥手致意，边和李四光手拉手前行，走进了休息室，他们进行了长时间的以天文、地理为内容的谈话。告别时，毛泽东殷切地对李四光说："我很想看看你写的东西。"

回到家里，这位已患病、年近80的科学家，为了能让毛泽东节省一些时间，少耗费一点精力就看到他所需要的书，用了将近一年的时间，查找了大量国内外的资料，写了7本书，均排印成大字本，定名为《天文-地质-古生物资料摘编》，送给了毛泽东。毛泽东高兴地、认真地阅读着，精心地收存着。毛泽东逝世后，此书还留存在书库里。

（刘　豫）

爱用的铅笔

“不动笔墨不读书”，这是徐特立的一句名言，毛泽东很推崇这种学习方法。毛泽东往往一边拿着铅笔或毛笔，一边看书。他很注意把读书、思考和批注结合起来，每读一本书、一篇文章，他都要在重要的地方划上圈、点、杠等多种符号，在书眉和空白的地方写下许多批语。毛泽东阅读过的很多书都留有红、蓝、黑铅笔的笔迹。

毛泽东读书学习爱用铅笔，使用铅笔，可以书写随意、轻松，便于随时取用。毛泽东有时也使用毛笔，他使用这两种书写工具是各有分工，各取所长：铅笔用于比较随便的场合，如开会、作调查，躺在床上读书时作批语等；而在正式场合，毛泽东一般使用毛笔。

毛泽东晚年一般在床上看书，使用毛笔不方便，他又不喜欢用钢笔，用铅笔的机会就更多。留在他读过的书页上的大量点评，基本上是铅笔书写的。《苏联社会主义经济问题》一书的点批就是一个见证。

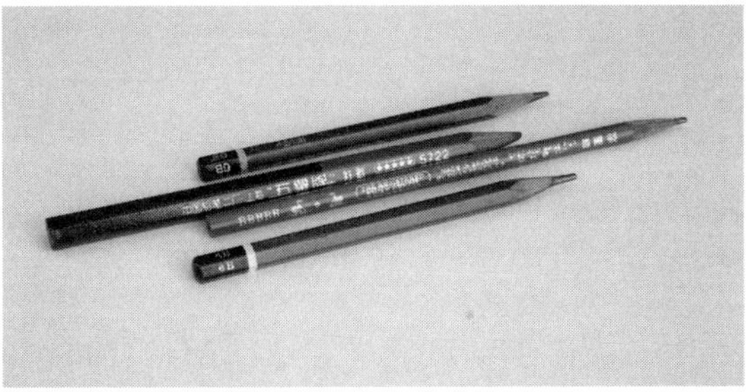

解放后毛泽东用过的铅笔

《苏联社会主义经济问题》中“关于社会主义制度下经

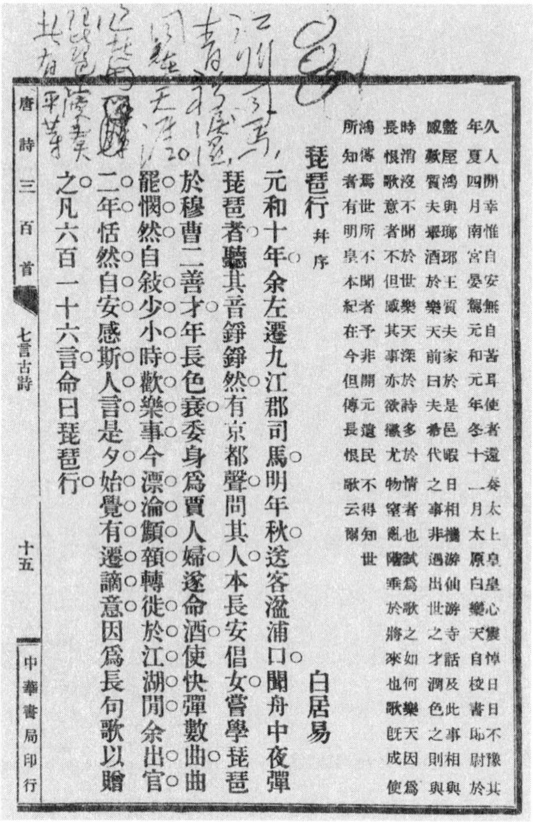

唐詩三百首 七言古詩 十五

琵琶行 并序

白居易

元和十年余左遷九江郡司馬明年秋送客湓浦口聞舟中夜彈琵琶者聽其音錚錚然有京都聲問其人本長安倡女嘗學琵琶於穆曹二善才年長色衰委身爲賈人婦遂命酒使快彈數曲曲罷憫然自敘少小時歡樂事今漂淪顦顇轉徙於江湖間余出官二年恬然自安感斯人言是夕始覺有遷謫意因爲長句歌以贈之凡六百一十六言命曰琵琶行

中華書局印行

读《注释唐诗三百首》批语（清·蘅塘退士编，卷二七言古诗 第15-16页）

济法则的性质问题”一节，毛泽东在“经济法则的性质”下用铅笔画了三条着重线，对这一章的内容，书中密密麻麻地画着重线和圈，在重要的段落下画着两个圈、三个圈，有的天头上还画着三个圈，并批注：“这是完全重要的一章。”在书中，他批评那种认为“苏维埃政权有可能来消灭现存的经济法则和创造新的经济法则”时，毛泽东批注：“这是一个客观的法则。”“注意。”同时还在这一段的天头上画一个大圈。在书中讲到“生产关系一定要适合生产力性质这个经济法则”时，批注写道：“在往后亿万年中，生产力性质不会不发生变化的，为了一定要适合它，生产关系也得改变，而且将有无数的改变。”

毛泽东在《苏联社会主义经济问题》的“关于社会主义制度下的商品生产问题”一章中，在“商品生产”下画着双直线，内容几乎全画满了直线、双直线、圈、双圈、三个圈、三角等他常用的标记。对文中批评那种认为党在取得政权并把生产资料收归国有以后就应当消除商品生产的观点，毛泽东认为：“我们也有这样的人。”他批注："看来还得生产商品。"

管中窥豹，从书中留下的铅笔字迹来看，毛泽东看书学习是理论联系实际，边读边思考新中国的社会主义建设事业的。

毛泽东还曾经用铅笔抄写《诗经》中的情诗，为他身边的一位工作人员姚淑贤赴约解难。

1956年的一大，在毛泽东专列上当服务员的姚淑贤跟随毛泽东去北戴河开会。在专列上，毛泽东问工作人员："今天是礼拜六噢，你们有没有约会？"姚淑贤脱口而出答道："我有。""跟什么人有约会？"毛泽东认真地望着姚淑贤，面露微笑，带着亲切、关心和一点逗趣地追问。姚淑贤脸红了，十分腼腆地低声答道："跟男朋友。""哎呀，糟糕。搅了你们的好事。"毛泽东有些着急，"你告诉他了吗？""没有。"姚淑贤回答。"你这个小姚哪，要是不见不散可怎么办？""你就连个电话也没给他打？"毛泽东继续关切地问道。"我们只要接受任务就不能对外人说了，没事的，他知道我常有任务，会理解的。"毛泽东听了姚淑贤的解说，摇了摇头，嘴里嘀咕着："久了会出误会的，不要因为我而影响了你们。"

晚上，姚淑贤将一把削好的铅笔送给毛泽东，毛泽东若有所思地望着姚淑贤，忽然说："小姚，你等等。有个东西你拿回去给你的朋友看看，你的朋友就不会生气了。"只见毛泽东挑出一支铅笔，又铺开一张16开的白纸，一边写，一边自得其乐地吟诵，原来那是一首古诗："静女其姝，俟我于城隅。爱而不见，搔首踟蹰。"毛泽东不是通常那样竖式写，而是横写，一行一句，未打标点。

"给，拿回去给他看。"毛泽东将写好的诗递给姚淑贤。姚淑贤接过诗，反复读了两遍，调皮地对毛泽东说："主席，我们有纪律，凡是带字的东西都必须上交。""你为什么要那么老实呢，现在没有谁看到，我是不会打小报告的。"毛泽东幽默地挤一挤眼，笑笑，做了

个手势，“藏起来，带给他。”

姚淑贤回到北京后，把毛泽东写的诗带给男朋友看，并把失约的经过告诉他。直到现在，毛泽东录写的铅笔古诗一直珍藏在他们身边。

（刘　豫）

英文单词卡片

毛泽东曾经说过:“学习的敌人是自己的满足,要认真学习一点东西,必须从不满足开始。”毛泽东就是这样一个不满足的人,他一直把读书学习看成是人生的第一需求,在长期的革命和建设的实践中他不断接受新事物,研究新问题,学习新知识。到了晚年,他还利用业余时间学习英语,并认为这是自己的一种特殊休息方式。

1959年1月,在接见巴西外宾时,他说:“学外文好,当作一种消遣,换换脑筋。工作忙就要‘挤’,看不懂就要‘钻’,用这两个法子来对付它,学习是一定可以获胜的。”而“挤”和“钻”时间学习英语最好的见证,便是主席留下的英文单词卡片。

毛泽东和外宾在一起

作为身负党和国家重任的领导人,毛泽东和普通人一样,一天只有24小时,他学习英语的时间是从哪里来的呢?根据毛泽东学习英语留下的种种迹象和他身边工作人员回忆,他的学习时间几乎全是“挤”和“钻”出来的。

学习时，毛泽东是一个很投入的人，而学英语时，他则更像一块海绵，专注之情让人不忍打扰。他学英语不需要固定的书房，比如外出乘坐飞机时，工作人员认为他旅途辛苦，应该好好休息，可是他却很少休息，常常“挤”着时间埋头“钻”进英语学习中。曾为毛泽东开专机的李恩如回忆说：“毛主席在飞机上常看外语书。”

1956年6月4日，毛泽东登上从汉口飞回北京的专机，当飞机飞抵河北衡水上空时，突然乌云弥漫，雷电交加，工作人员急得大汗淋漓，可这却丝毫不影响毛泽东学习，他口中念着英语，兴致丝毫不减。

有一次，毛泽东在飞机上学英语，当飞机飞抵机场时，他却全然不知。空中服务员郭桂卿看他如此专注，不忍打扰，在一旁静静等待了半个小时。可是她看到许多领导和群众在机翼下急切等待，才不得不提醒：“主席，我们的飞机已经落地了。”毛泽东慈祥地摆摆手，这才放下手中的书，下了飞机。

毛泽东身边的英文秘书林克回忆，考虑到主席工作繁忙，为了

毛泽东在飞机上学习英语

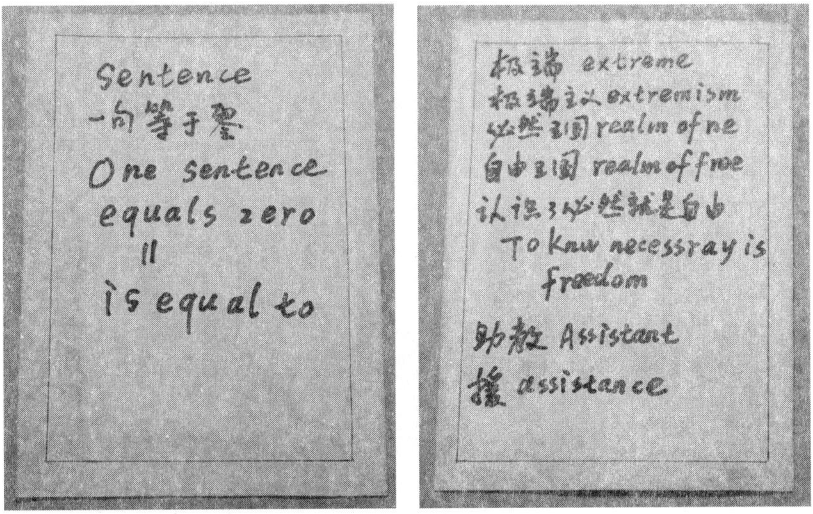

毛泽东学英语时用的单词卡片

节约宝贵时间，对主席未学过的单词，便常常事先代为查好字典，以卡片的形式抄出来。主席也很投入，遇到有生疏的单词或短语，便用铅笔圈出标明。或者在秘书领读完单词后，就在单词旁边注明音标，并在书页空白的地方，用密密麻麻的蝇头小字注明每个单词和短语多种不同的义项。

毛泽东学习英语绝不是浅尝辄止，而是真正做到了反复思考，钻入其中。他留下的英语单词卡片，就是见证。

（张　旭）

写给李讷的信

对子女们而言，毛泽东既是慈父，更是严父。他对子女们的细心和柔情，并不亚于一位慈祥的母亲。曾有过这样一句话："我最大的感受就是，没有他对我那样的严格的要求，就没有我的今天。我很想念他，他是我的好爸爸。"这是毛主席最小的女儿李讷对爸爸深情的回忆。

毛泽东幼年时吃过棍棒式教育的苦头，以离家出走的方式进行过抗争，从而迫使父亲的教育方式有所转变。成为人父之后，他把孩子们当成小苗苗，像无声的春雨一样滋润着他们。似乎是有鉴于儿时的经历，他要求"莫多干涉孩子们的事，莫管得太严，束缚

毛泽东与家人在一起

了孩子们的行动”，毛泽东主张要保护和培养孩子们的个性，他常说“莫煞孩子们的风景”。他总是注意发现孩子们在学习和思想上有什么问题，及时耐心地开导和指点。他给最小的孩子李讷多次写信和谈话，启发她发现自己的缺点和不足，求得进步。

毛泽东和子女在一起

毛泽东和女儿在一起

虽然国事繁忙，但他并未因此疏忽了当父亲的责任。对孩子的学习、身体健康和为人处事，他一一过问，倾注了大量心血。他把战争年代因骨肉分离而对所有子女们的亏欠，全部加倍补偿到毛岸英、毛岸青和李敏、李讷4个孩子身上。

李讷1940年8月出生于延安，为江青所生，是毛泽东最小的女儿，她在父亲身边生活的时间最长。

1958年，李讷患急性阑尾炎，疼痛难忍，需尽快治疗，由于李讷小时候打针留下的一截针头还在肉里，医生决定两个手术一起做。当时江青没在北京，毛泽东亲自安排李讷住进医院。阑尾手术做得非常顺利，但是取断针时却遇到了意想不到的麻烦。医生开刀后，发现断针已移了位置，花了很长时间也没有找到。最后只好把她抬到X光透视室，边透视边寻找，这才把已经生锈的断针取出来。

这次手术是在无菌室外进行的，结果引起伤口感染，李讷发高烧了。

毛泽东知道以后非常担心，他一边忙着国家大事，一边还惦记着李讷的身体，忙到深夜给李讷写了一封信：

李讷：

念你。害病严重时，心旌摇荡，悲欢袭来，信心动荡。这是意志不坚定，我也常常如此。病情好转，心情也好转，世界观又改观了，豁然开朗，意志可以克服病情，你以为如何？妈妈很着急，我也有些。找小员，院长计苏华，主治大夫王历耕，内科大夫吴洁诸同志今天上午开了一会，一致认为大有好转。你昨夜睡了九小时，你跑出房门在走廊上看画报。白血球降下来了，特别是中性血球，已恢复正常。他们说不成问题，确有把握，你可以放心。这点发烧，应当有的，完全正常。妈妈不放心，打了电话给她，她放心了。李讷，再熬几天，就可以完全痊愈，怕什么？我的话是有根据的。为了你的事，我此刻尚未睡。现在我想睡了，心情舒畅了。诗一首：青海长云暗雪山，孤城遥望玉门关。黄沙百战穿金甲，不斩楼兰誓不还。这里有意志。知道吗？你大概十天后准备去广东，过春节。愿意吧。到那里休息十几天，又陪伴妈妈。亲你，祝贺你胜利，我的娃！

爸爸

二月三日上午十二时

半睡状态执笔，字迹草率，不要见怪。有语叫小员来告我。

字里行间，充满着无限的慈父之情。在父亲的关心和鼓励下，李讷很快振作起来，身体也得以恢复。

新中国成立后，毛泽东每个月的工资是404.8元，卫士长李银桥为他制定了一份《首长薪金使用范围管理办法及计划》，毛泽东在审查的时候指出每天3块钱的伙食标准定得太高，李银桥解释说，这3块钱里面包括了每天招待客人的费用，毛泽东思考了很久，才写下“照办”两个字。

李讷在韶山

李讷上大学后，每月生活费只给26元（除去星期日，每天平均1元），其中交学校饭费15元，剩下的就是车钱、书本钱和零花钱。当时家里规定，不许多要1分钱。有时不够跟别人借，下个月再从26元里还。好多同学都以为李讷是“大款”，主席的女儿嘛！同学们向李讷借钱，借上10元李讷还能勉勉强强地过，再借第二次，她自己都得跟别人借，而且还不能告诉别人，告诉了别人也不会相信，其实李讷当时自己连饭费都交不上了。后来，有一个当年同学说，真想不到，那时我跟李讷借钱，还以为她多有钱，原来她也是很困难的。

回首往事，李讷对父亲感激不尽，她说：“我觉得父亲给子女留下的最大财富，就是他对我们的教导，这种精神上的财富是最宝贵的，是我们一生取之不尽、用之不竭的。当年他那样严格要求我，完全是为我好。假如不是那样严格，后来我一个人带着孩子过，恐怕很难过得来。他的严格要求，完全不是过分的，而是很实事求是的，是按照我将来要过什么样的生活来要求的，并不是随便那样做。他那是真正的父爱。他爱我，真的。”

（卢　晴）

临终前的护理记录

毛泽东向来把生和死看得很淡。1963年，他对身边的工作人员说：“我设想过，我的死法不外乎有五种。……第一，有人开枪把我打死。第二，外出乘火车翻车、撞车难免。第三，我每年都游泳，可能会被水淹死。第四，就是让小小的细菌把我钻死，可不能轻视这些眼睛看不见的小东西。第五，飞机掉下来摔死。”“中央给我立了一条规矩，不许我坐飞机。我想，我以后还会坐。总之，七十三、八十四，阎王不请自己去啰。”说到死时，毛泽东是那样的轻松、随意。

1976年的毛泽东更加憔悴、苍老，他以顽强的毅力同疾病斗争着。双手颤抖很厉害的他，无奈之下只能接受工作人员喂饭的现实。不久，喂饭也成了难题，于是，医护人员为他配了鼻饲食谱，食物由医务专家和厨师根据人体所需的营养成分精心配制而成，每隔一段时间通过鼻孔下插着的管子注入一次。没过多久，肺心病又开始折磨他，使他常常处于严重缺氧状态，嘴唇都憋得发紫，他的鼻孔下于是又插入了氧气管。后来，即便是流质食物毛泽东也无法下咽，一到嗓子便呛住，引起心脏不适，只能通过胃管进食。从保存下来的毛泽东的食谱来看，1976年7月11日前为鼻饲，7月12日至9月8日为胃管进食。其中除了8月1日到13日不到半个月的时间里进食情况较好、9月3日进食一般外，其余时间都较困难。

工作人员清晰记得，毛泽东在躺在床上动不了的情况下，"仍然没有停止过工作。他批阅大量文件，考虑着党和国家的大事，竭尽全力地为党、为人民继续操劳。他时刻地把党和人民的利益放在首位，不知疲倦地、忘我地工作着"。毛泽东经常嘴唇发紫，浑身全是汗淋淋的，换一次床单都可以让他昏过去。生命如此脆弱，他依旧关注着国事。1976年7月28日凌晨3时42分，河北唐山、丰南一带发生了7.8级的强烈地震，随后又出现多次余震。清晨，中央办公厅负责人向毛泽东报告了唐山地震情况。此时的毛泽东大多时间处在昏迷、半昏迷状态，但他只要一清醒，便十分关心唐山震情，他主动问工作人员要有关地震情况的汇报材料。当他知道这场地震伤亡达24万多人，其他的损失难以估量时，他伤心地哭了，在场的医护人员"第一次亲见主席嚎啕大哭，我们那些在旁的保健专家的心也在流泪"。

3天后，中共中央《关于唐山丰南一带抗震救灾的通报》递到了毛泽东床头，这是他生前圈阅的最后一份文件。看完报告后，毛泽东立即将主持政府工作的华国锋叫到床前，语气深沉地叮嘱华国锋："要全力救灾，这是最要紧的。"8月4日，华国锋受毛泽东的重托，率领中央慰问团赶赴唐山，传递毛泽东和党中央对受灾群众的关怀之情。

从8月底直至逝世，毛泽东历经多次昏迷、抢救，他已只能从喉咙里发出一些含糊不清的音符。但就是在这种情况下，毛泽东依然没有停止思索、工作，自己拿不动文件，他就让秘书帮他捧着；不能亲自读书读报，就由护士念给他听。对于国家重大新闻，他了然于胸。有一张1976年9月8日的护理记录，清楚地记载着：

1时10分：看文件15分30秒……

13时18分：看文件12分……

16时37分：看文件30分……

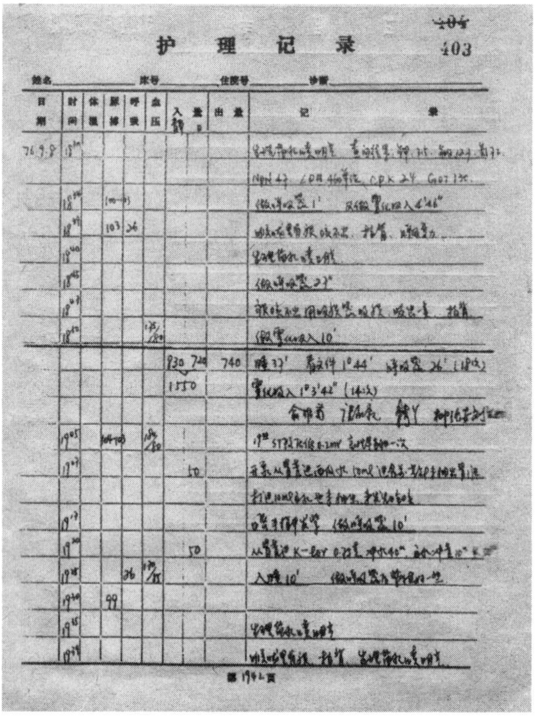

护理记录

403

姓名 床号 住院号 诊断

日期	时间	体温	脉搏	呼吸	血压	入量	出量	记录

1976年9月8日毛泽东护理记录

紧张的生命抢救与宁静的工作、读书，展现出一幅伟人弥留前的感人画面。毛泽东的上下肢插着静脉输液导管，胸部安着心电监护导线，鼻子里插着鼻饲管，文件和书由别人用手托着。就在这种状况下，他坚持看书、看文件11次，时间共达2小时50分钟，每一次都是在工作人员的帮助下看了不长的时间，就又昏迷了。

就在这一天，毛泽东从休克中醒过来，嘴里忽然发出微弱的声音。工作人员按照以往的习惯，连忙抓起笔和纸放到他手中，只见毛泽东艰难地移动着铅笔，费了很大的劲，慢慢地划出了3道似乎在颤抖的线，就再也没有力气了。看到工作人员并没有理解其中的含义，毛泽东非常焦急。过了好一会儿，他的手又可以慢慢抬起了，缓缓地，他在木床上敲了3下。工作人员这才反应过来，试探地问到:“主席，您是不是要看有关三木的消息？”毛泽东当即点了点头。

三木是当时日本自由党总裁、内阁总理大臣，正在参加日本国内的大选。病危之际的毛泽东还关注着三木大选的情况，关注着国际风云的变幻。

毛泽东最后一次看文件是8日下午4时37分，在心律失常的情况下，他看文件的时间长达30分钟。这天下午六七点钟，毛泽东

毛泽东的遗体

的血压开始下降，医生采取各种措施进行抢救。

1976年9月9日零时10分，一代伟人毛泽东在中南海游泳池居所与世长辞，享年83岁。他以自己的实际行动真正履行了“鞠躬尽瘁，死而后已”的誓言。

（曾　洁）

韶山毛泽东同志纪念馆
Shaoshan Mao Zedong Memorial Museum
毛泽东遗物馆
Mao Zedong Relic Museum

第三部分

与毛泽东相关的历史人物

创立仁风钨矿生产合作社的毛泽民

“仁风山，山连山、巅连巅，不上巅，看不到天。”仁风的山既高又大，气势雄伟，古树、苗竹、茅草，把方圆几十里盖得严严实实。就在这片树根、草蔸底下，埋藏着丰富的宝贝——钨砂。在这里，曾有英、美设立的垄断钨砂、操纵钨价的矿商公司及为之服务的“矿警靖卫团”，后来在红军和当地群众的努力下，将他们赶走了。然而在驻地红军反“围剿”战略转移后，安远、会昌、于都三县的“五区联防团”反扑过来，杀人放火，打家劫舍，整个山上一千多矿工住的工棚，连同古树、野草，一起化为灰烬。红军取得第三次反“围剿”胜利后，又回到仁风，面对空荡荡、烧得乌黑一片的石山，矿工们成了清一色的吊起锅子当钟打的穷苦人了。

毛泽民

就在这天寒地冻、饥渴难忍的日子里，时任中央政府银行行长的毛泽民来了，他受毛泽东的委托，给矿工送来了温暖：在山上的五百多矿工中，百分之四十的得到了救济物资，百分之三十五的领到了救济款。矿工们高高兴兴地度过了1932年的春节。

春节过后的一个风雪天，毛泽民一行五人，又踏上了仁风山，他想将一家一户的挖钨砂工人组织起来，成立生产合作社。

毛泽民和家人照

到竹山坪后，第一个认出毛泽民的是康科禄。他没读过书，但能一张口就说出一串顺口溜或情切韵真的山歌来。“唉呀！毛行长，今天是雪压竹成砣，乌鸦变白鹅，屙屎屁股冷，飞花钻被褥，你怎么选这样的日子进山来哟？”说完哈哈大笑，双手接过毛泽民的背包，把大家请进了自己的竹棚。

就住在隔壁竹棚的高来发，听见喊毛行长，立即跑过来，笑着说：“毛行长，去年大雪中，你给我们送来了救济衣、救济款，这次你给我们送什么来了？”

“包你喜欢的一个挖钨砂的好法子。”毛泽民风趣地卖起了关子。“当你们提高产量、多产钨砂，大家都增加了收入时，我再来要你们请客打牙祭、捐寒衣！”他一边说，一边掀起露出败絮的烂棉袄，引得大家捧着肚子大笑起来。

“言归正传，我想今晚开个座谈会，听听大家对组织生产合作社有什么看法。康科禄、高来发，就请二位邀几个有代表性的矿工来参加。”毛泽民亲切地对着康、高说道。

八点过后，矿工们鱼贯地来到康科禄的棚子里，座谈会就围在地上挖个坑、坑内堆满柴火的火塘周围开起来。

毛泽民用笑眼看了大家一圈，开门见山地说道："中华钨矿公司成立后，抓了两个公营厂矿，私人采掘的没有过问，不仅产量低，而且常常被私商收走。今后的钨砂要由钨矿公司收购，每担价由八元增加到十五元，不准私商到矿山插手。这是我要讲的第一点。第二是一家一户的生产，碰上大水、塌窿，势单力薄，无法处理，也不容易提高产量。我们想在仁风山组织生产合作社……"话没说完，一位青年截住话茬说道："生产那么多钨砂有什么好处？我们把钨砂卖给香港，香港把钨砂卖给帝国主义，帝国主义拿去造枪炮卖给蒋介石，蒋介石又拿着枪炮打红军，'围剿'革命根据地，何苦嘞！"

毛泽民担任行长期间用过的封条

毛泽民担任行长期间用过的大印

毛泽民担任行长期间发行的钱币

"组织生产合作社肯定比一家一户单干强得多。但钨砂挖多了，会不会自己害了自己？"

"我看对自己还是有好处，钨砂挖的多收入多呢。"一直没吱声的高来发开口说道。

"对，汤冒盐水一样，人冒钱鬼一样，地主恶霸不是骂我们'穷鬼'、'饿死鬼'吗？我们有了钱就能挺起腰走路，还是多挖多卖好。"康科禄站起来争辩道。

一阵七嘴八舌后，毛泽民厂梳理了一下大家的意见，轻言细语地说出了自己的看法："钨砂挖得多卖得多，不好的方面大家说了一条。我再补充一条，就是白区的商人从我们手上买过去，一转手，赚了一大笔钱。好的方面我看有四条：一是大家增加了收入，可以改善生产条件，改善生活。二是对苏区军民有好处：可以拿钨砂到白区换盐、布和药品。现在是一担稻谷只能从白区商人那换五斤半盐，而一担钨砂可换九十五斤盐或两匹白布。当前的红军，冬天没棉衣，受了伤没药治，影响战斗力。三是也可以少量地换到枪支弹药，更好地消灭敌人，打破蒋介石的军事'围剿'和经济封锁。四是增加了财政收入，充实了银行家底。打仗要钱，办医院、办学校要钱，钱从哪里来？……"

"行，行长，我们想通了！听你的。"还是那位打头炮、截住毛泽民话茬的青年，笑着挥手打断了毛泽民的话。

"组织生产合作社好，多产钨砂支援革命战争。"大家异口同声说道。

座谈会后，毛泽民和钨矿公司的同志一起，走家串户，宣传发动。倾刻间，三三两两到处议论开了。一星期之后，矿工们纷纷报名参加生产合作社。

仁风山钨矿生产合作社就这样成立了。

（刘　豫）

血染丛林的毛泽覃

毛泽覃生于1905年9月25日，比大哥毛泽东整整小12岁，长大后与毛泽东一样身材修长、大眼睛、圆脸，长得酷似母亲，而二哥毛泽民长脸、高鼻梁，长相更似父亲毛顺生。13岁那年，毛泽覃走出韶山冲，进入长沙一师附小学习，毛泽东成为他的监护人，毛泽覃在毛泽东身边学习生活了5年，毛泽东始终将他放在实际斗争中锻炼。因为大哥，少年毛泽覃较早地接触到马列主义，1921年7月，他加入了中国社会主义青年团，投身到反帝反封建的伟大洪流之中。

毕业后的毛泽覃在大哥毛泽东的影响下从事革命活动，组织青年阅读进步书刊，发展和扩大青年团组织。

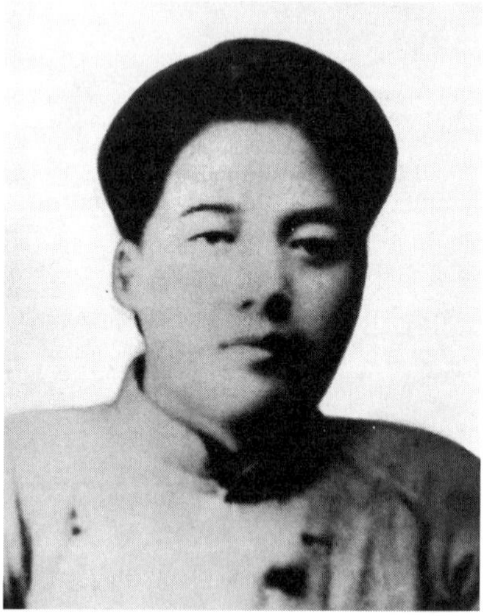
毛泽覃

“二七”惨案发生后，毛泽覃被派往湖南常宁水口山铅锌矿，以教员身份为掩护，秘密从事青年团的领导工作。这年10月，毛泽覃加入了中国共产党。一年后，毛泽覃被调回省城，担任长沙社会主义青年团执行委员会书记，他和田波扬等人发起成立了湖南青年学艺社，时常深入工厂、码头、学校宣传孙中山的联俄、联共、扶助农工的"三大政策"。马日事变后，毛泽覃进入叶挺的十一军政治部工作，随部队转战于湘赣边界，开始真正走向了革命武装斗争。

青年毛泽覃

1927年，毛泽东率领秋收起义部队在井冈山建立了根据地。毛泽覃受朱德和陈毅委派，前往井冈山与毛泽东取得联系。

在宁冈茅坪，毛泽覃见到了日夜思念的大哥毛泽东，毛泽东同意毛泽覃留在井冈山工作，决定派专人与朱德、陈毅的部队联系，以便两支起义军联合起来。

1928年4月下旬，朱德、陈毅率领南昌起义保存下来的部队和湘南起义军，在江西宁冈县砻市镇，与毛泽东率领的秋收起义部队胜利会师。这一创举成为中共建军史上的里程碑。而促成朱、毛井冈山会师的重要联络人正是毛泽覃。

毛泽覃不仅是井冈山会师的重要联络人，而且在创建井冈山根据地的斗争中写下浓墨重彩的一笔。在桥林乡，他深入到贫苦农民之中，一个村一个村地搞调查研究、开座谈会、讲党课、宣传革命道理。毛泽覃经常鼓励农民兄弟："地主说，穷人是一块'死铁'。我说，共产党就像一座通红的火炉，穷人到共产党里面来，就能炼成钢，造成好刀、好枪，打起敌人来飞快！"

毛泽覃把整个桥林乡的农民组织起来，打土豪、分田地，并在斗争中考察和培养积极分子，吸收先进的、有觉悟的、勇敢的贫苦农民入党。仅一个月的工夫，他就在桥林乡建立起宁冈县第一个农村党支部，并亲自担任党支部书记。

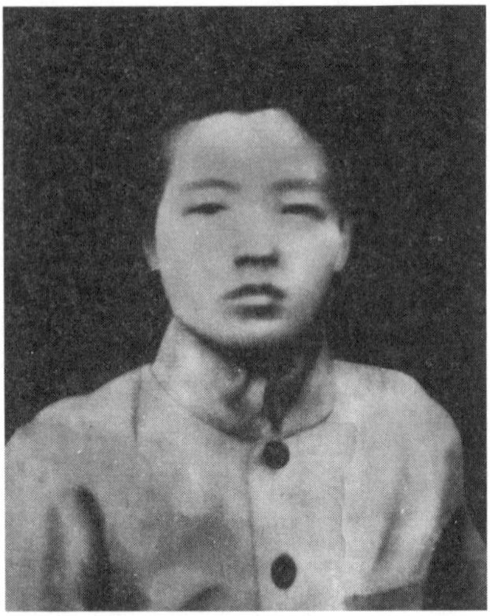

毛泽覃读书时的照片

经过革命战争的磨炼，毛泽覃很快成长为红军优秀的指挥员，他参加了保卫井冈山的战斗，参加了中央苏区五次反“围剿”斗争。因战功卓著，1933年8月1日，他荣获一枚中央军委颁发的二等红星奖章。1934年8月，由于左倾冒险主义的错误，第五次反“围剿”失败，红军主力不得不突围转移。主力红军长征后，1934年12月，被任命为红军独立师师长的毛泽覃接到命令，率红军游击队转战闽赣边界。

1935年4月25日，毛泽覃率领的红军独立师被打散，他率领部分游击队员穿山越岭，来到瑞金县黄鳝口一个名叫“红林”的大山之中，毛泽覃和红军战士夜宿在一个僻静的小屋里。第二天清晨，山中突然响起一阵枪声，敌军在叛徒的带领下向房屋包抄过来。毛泽覃机警地冲到左边门口，命令游击队员迅速从后门撤往山上，他自己则端起枪向涌来的敌人猛烈扫射。敌人以小丘、丛林作掩护，从四面向毛泽覃逼上来。

毛泽覃牺牲的地方

一阵枪弹飞过来，毛泽覃右腿一阵剧痛，鲜血染红了草地。他迅速从口袋里摸出那枚自己珍藏的红星奖章，这是苏维埃中央为表彰他的卓越功绩而颁发给他的，他不想让奖章落在敌人手里，就将奖章丢在小溪边的杂草中。解放后，人们在毛泽覃牺牲的小溪边寻找到了这枚奖章。

毛泽覃咬紧牙，忍着伤口的剧痛，继续朝敌人射击，不料从右后侧又打来一枪，子弹穿进他的胸膛……

2009年9月14日，毛泽覃被评为100位为新中国成立作出特殊贡献的英雄模范之一。

（毛林科）

“女教书先生”

——杨开慧

1925年初，毛泽东与妻子杨开慧回到家乡韶山开展农民运动。要想开展斗争，首先还是要宣传教育，启迪民智。通过商讨，毛泽东等人决定利用毛氏族校在毛氏宗祠开办农民夜校，由杨开慧具体负责夜校的工作，毛泽民的妻子王淑兰等妇女协助。

经过紧张的筹备，第一期农民夜校终于开学了。在农村办夜校，男女一起上课，讲课的还是一位“女先生”，大家都感到很新奇，早早地就来到了毛氏宗祠。看着大家充满好奇和询问的眼神，杨开慧从容不迫地走上讲台，开始了她的第一堂课。

杨开慧

“我们这个学校，不要大家念《三字经》、《千字文》，而是让大家学点用得着的东西，学点写字、算数的本领。还要让大家知道为什么我们农民总是忍饥挨饿，让大家知道现在的世界是什么样子，它将来又会是什么样子……你们说怎么样？”杨开慧笑着对大家说。

这是什么课？一天到晚在田地里打滚的乡亲们谁也没上

毛氏宗祠农民夜校

过，不由得十分好奇，心里又满是期待，异口同声地说："好！"

杨开慧转过身，在简易的黑板上写了个"人"字，说到："我们是什么人？农民。"然后她给大家念了一首她在韶山收集的歌谣：

农民苦，农民苦，
打下粮食交财主。
年年忙，月月忙，
田里地里仓里光。

听到这里，大家不由得想到了地主豪绅的剥削和自己的苦难生活，一时间，都沉默了。看着突然安静下来的乡亲们，杨开慧接着讲："'人'字两边分，地主老财是人，贫苦农民也是人。没有农民的苦，哪来地主的福？没有农民的忙，哪有地主的粮！"随后她又写下了"手"和"脚"两个字。她指着这两个字，领着大家反复念了几遍。第一次来上课，有几个人觉得不好意思，嗤嗤地笑了起

杨开慧和儿子在一起

来。杨开慧停了下来，微笑着望望他们，举起自己的双手，稍稍放大了声音："这叫做手。人的手本来就是劳动的，世界上吃的、穿的、住的、用的，哪一样不是靠人的双手做出来的？没有农民双手种田，田里就不会白白地长出谷来。可是，偏偏有这种怪事，有些人长了两只手，却不劳动，手不提，肩不挑，反而坐享其成，吃好的、穿好的、住好的。有些人一天累到晚，一年忙到头，两手不得闲，到头来却是吃不饱、穿不暖，有的还得逃荒讨米……你们说，这样的事情公平合理吗？"

"先生，你讲的很对！"一个穿着烂布衣衫的中年农民忽然站起身，伸出一双粗壮的大手，说道："我这双粗手，一天干到黑，一年干到头，累死累活，可家里经常没米下锅。那些大财主，两手闲着，反而餐餐吃鱼吃肉。他吸鸦片烟都懒得动手，让丫头伺候！太不公平了！"

大家抬头一看，说话的是住在青山坳的毛月秋，他是韶山冲有名的苦主，世世代代做长工、打短工。

杨开慧立刻把毛月秋的例子进行引申，向大家讲述穷人受苦是因为存在阶级剥削和阶级压迫的道理，说："这种极端不合理的社会制度，必须彻底加以改变！"

接着，杨开慧又讲解“脚”字，她说：“穷人用脚走路挑担子，用脚挑水，有钱人也长了脚，可什么事也不做，就连出门几步路，都要摆格坐三人大轿……”

“我们女人还要多一层痛苦，大足还要包成小脚哩！”突然，一个妇女在座位上发了言，大家一看，原来是王淑兰。

“我四嫂说得对！”杨开慧接过话说：“妇女的痛苦比男人还多，受封建压迫更深。本来生成一双大足，却硬要包成什么‘三寸金莲’，走不得路。这是封建统治者硬加在妇女身上的枷锁，目的就是把妇女关在屋里，不让她们出来参加社会活动，永远受欺压。如今提倡男女平等，提倡妇女解放，可是还有些旧脑筋的人，在那里反对。”

杨开慧一下就说出了穷苦人的心里话，这样的事情他们以前谁都没想过，大家的心第一次沸腾起来。

杨开慧为乡亲们上了一堂他们从来也没听过的文化课，韶山

杨开慧家乡旧居

冲的妇女们也平生第一次走进了课堂，毛氏宗祠里的这所农民夜校就像一把熊熊燃烧的火炬，照亮了世世代代遭受剥削和压迫的泥腿子的心。以此为起点，毛泽东和杨开慧在韶山先后建立了20多所农民夜校，播下了湖南农民革命运动的火种。

农运的蓬勃发展，引起了反动军阀的恐慌，赵恒惕发密令逮捕毛泽东。毛泽东在家乡百姓的掩护下逃离韶山，前往广州，随后杨开慧也去了广州。1927年第一次国内革命战争失败，国名党到处实行反革命大屠杀。为了挽救革命，“八七会议”后，毛泽东领导了秋收起义，带领红军上了井冈山。杨开慧遵照毛泽东的指示，以家乡板仓为中心，领导了长沙、湘阴、浏阳和平江地区的农民武装斗争。

1930年10月，由于叛徒出卖，杨开慧不幸被捕入狱。她在给亲人的信中写道：“我好像看到了死神，它那冷酷的面孔！说到死，本来我并不惧怕。只有我的母亲和我的小孩啊！我有点可怜他们！……”

在狱中，敌人多次对杨开慧严刑拷打，称只要她声明与毛泽东脱离关系便可自由。杨开慧则毅然回答：“死不足惜，惟愿润之（毛泽东）革命早日成功！”

1930年11月14日，牢房的门打开了，杨开慧贴身穿了那件新做的白布衣，外面罩着她与毛泽东离别时穿的蓝旗袍，昂然向大门走去。伴随着长沙识字岭刑场上的一声枪响，杨开慧倒在了血泊之中，这一年她才29岁。

（李　瑛）

“女游击队长”

——毛泽建

在湖南省衡山县金紫峰南麓，长眠着一位被当地人称为“衡山朱凤”的女共产党员——毛泽建。毛泽建乳名“菊妹子”，由于家境贫寒，小时曾被过继给毛泽东的父母做女儿，“毛泽建”这个名字是到上屋场后，毛泽东给她取的。

1921年春，毛泽东回韶山教育全家干革命，随后把她带到长沙。1923年上半年毛泽建加入中国共产党，后经夏明翰介绍前往衡阳开展农民运动。

马日事变后，湖南各地反革命气焰嚣张，毛泽建拿起武器，投入武装斗争，带领集兵滩一带的农民，袭击地方武装，拔掉土豪劣绅的据点；开办农民讲习所，讲授共产主义学说；成立农会和纠察队等农民自己的组织，领导农民同地主开展减租减息斗争。

毛泽建

集兵滩有个大土豪叫罗季平，外号罗老八，仗着有两个兄弟在国民党当官，自己又兼任国

民党的党部委员，明里暗里总是与农会作对，其他地主老财也都看他的脸色行事，使得农会的减租减息运动阻力重重。毛泽建认为只有彻底斗翻罗老八，才能扫清减租减息运动的障碍。

罗老八50岁生日那天晚上，罗家大厅高朋满座，乡绅们谈起眼下如火如荼的农民运动，个个愁眉苦脸。罗老八见状，站起来说道："农会乃乌合之众，兔子尾巴长不了。我两位兄弟来信说，国民党不少人都咒骂农民运动糟得很，连共产党的总书记也埋怨农会搞得过火呢！"

正当罗老八唾沫横飞、信口开河之时，毛泽建带领农会纠察队来到大厅里，她厉声喝道："罗老八，你可知罪？"罗老八瞪着眼睛干笑了几声，连忙转腔："毛女士，我罗某拥护国民革命，拥护农民运动，何罪之有呢？"毛泽建冷笑一声，抖开一副对联。罗老八望着对联，不由大吃一惊，额头上冷汗直冒。

原来，这是罗老八亲笔书写的一副内容十分反动的对联，上联是"农民翻身，稻粱粟麦黍稷杂种出现"；下联是"会场扩大，马牛羊鸡猪狗六畜成群"。这副对联他藏在书柜里，想等农会倒台那天，便拿出来挂在大厅里，好出一口闷气。不料，他的丫环接受了毛泽建宣传的革命道理，痛恨地主老财，把对联偷出来交给了毛泽建。

毛泽建正色道："罗老八，你拒不减租，反对国民革命，书写反动对联，仇恨农民协会，理应游街示众！"几个农会纠察队员趋步上前，给罗老八戴上高帽子，挂上黑木牌，押着那些喝寿酒的土豪劣绅一道游街，围观群众无不拍手叫好。罗老八丢了这么大一个脸面，从此再也不敢给农会使绊子，集兵滩的减租减息等农民运动轰轰烈烈地开展起来了。

1927年11月上旬，衡山工农游击队成立，毛泽建参加了游击队的领导工作。她时而扮成珠光宝气的贵妇，时而扮成朴实无华的农家女，往来于城镇和乡村之间，刺探敌情，部署工作。她曾带领游击队员，炸县衙门，破坏铁路和敌人的通讯设备，成为远近闻名的“女游击队长”，使敌人闻风丧胆。

1928年5月初，怀孕8个月的毛泽建和丈夫陈芬领导的游击队在夏塘铺与耒阳县挨户团遭遇，经过激烈战斗，因寡不敌众，不幸被捕入狱，陈芬壮烈牺牲。不久，井冈山下来一支队伍，将她营救了出来。此时的毛泽建即将临产，行动不便，当敌人反扑过来时，她坚持留下，隐藏在当地一个孤老婆婆家里。一个仲夏之夜，她的孩子出生了，因孩子的啼哭声惊动敌人，她再次落入敌人的魔爪中。敌人抓到毛泽建后，因她系“毛泽东之妹，‘马日’前后，均负该党重要职责”，妄图从她身上捞到共产党的重要机密。

当敌人审问她的名字时，毛泽建昂首回答：“我叫共产党！”恼羞成怒的敌人又动用了种种酷刑折磨她，皮鞭抽、烙铁烫、杠子压、灌辣椒水、把竹签刺进她的手指，甚至惨无人道地用烧红的铁丝穿过她的乳房。可这一切终不能使毛泽建屈服，她始终咬紧牙关，敌人得到的口供只有三个字“不知道”。眼看硬的不行，敌人继而以高官厚禄相诱，县官亲往劝降。毛泽建依然怒目痛斥：“要我变节，除非日从西边出，湘江水倒流！”

毛泽建虽受尽种种酷刑，却始终无所畏惧，毫不屈服。她以顽强的革命意志和高度的革命乐观主义精神，与敌人展开了不屈不挠的斗争。她在遗书中写道：“我将毙命，不足为奇，在达湘个人方面是很痛快的了。但是，人民总归要做主人，共产主义事业终究要胜利。只要革命成功了，就是万死也无恨。到

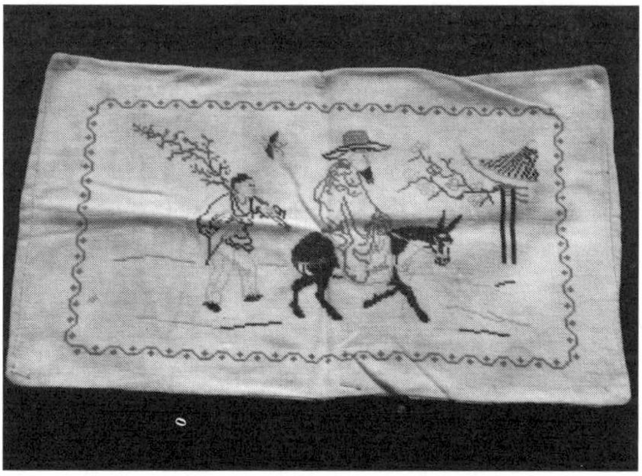

女游击队长毛泽建在狱中绣的枕套

那天，我们还会在九泉下开欢庆会的。”

毛泽建的墓地

8月20日，毛泽建戴着沉重的脚镣手铐，从容不迫地走向设在衡山县城南门外马庙坪的刑场。行刑前，敌人假惺惺的问毛泽建还有什么要说的，毛泽建使出浑身的力气高呼：“中国共产党万岁！”

罪恶的子弹穿透了毛泽建年轻的胸膛。一代女杰毛泽建，用她24年短暂的生命，为革命事业谱写了一曲壮丽的战歌。

（李　瑛）

国际共产主义战士

——毛岸英

毛岸英，是毛泽东与杨开慧的长子，1922年10月24日夜晚出生在湖南长沙，从此，他开始了颠沛流离、历经磨难却刚毅旷达、正直勇敢的一生。

父亲毛泽东为革命四处奔波，毛岸英从小就跟随母亲杨开慧四处迁徙。杨开慧牺牲后，为了躲避敌人的加害，1931年春节前夕，毛岸英和弟弟毛岸青、毛岸龙被秘密护送到上海，进入大同幼稚园。大同幼稚园安置着许多革命烈士的子女。看到大孩子欺负小孩子，毛岸英勇敢地出面制止。他告诉幼稚园里其他革命的后代，“恨敌人、恨反动派，爱穷人、爱祖国，这些都是我在牢里妈妈教的。今天我又想：在幼稚园里，我们要爱亲人、爱老师、爱小朋友们。恨嘛，要有目标，不能一不开心，对自己人也乱发脾气。”小岸英成为了幼稚园里的孩子头。不幸的是，不久毛岸龙因细菌性痢疾夭折。

毛岸英

1932年4月，在白色恐怖下，上海党组织遭到严重破坏，

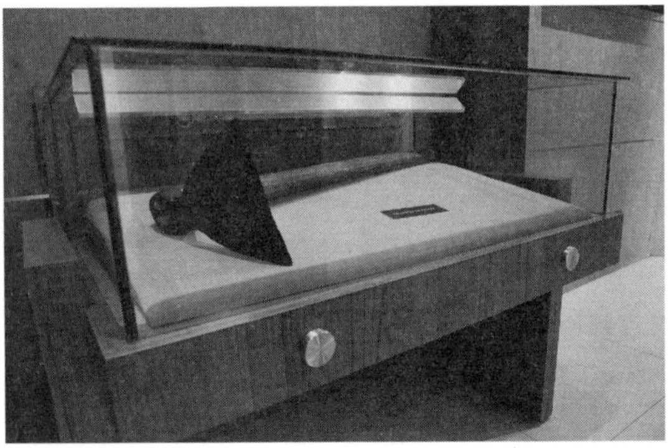

毛岸英用过的锄头

大同幼稚园紧急解散，毛岸英、毛岸青兄弟开始在上海街头四处流浪。他们曾做过点心铺的店伙计，天没亮就起来倒尿盆、刷马桶，帮老伙计烧水、蒸糕点，每天累得腰酸背痛，但就是在这种境遇下，毛岸英仍时刻牢记妈妈“要带着弟弟好好学习，长大为穷人干革命”的嘱咐，坚持认字读书。他下定决心：哪怕一天认一个字，也要坚持！稍有空闲，毛岸英就拉上弟弟在青石板上认字、练字。为了凑齐八角大洋买本小字典，毛岸英在干完店铺的活后，不管刮风下雨都会到外白渡桥上帮人推黄包车。后因受不了店家的欺负，两兄弟离开点心铺，住到破庙里，靠拾烟蒂、捡垃圾、卖报纸糊口。上海流浪的艰难日子给毛岸英留下了深刻的印象，他后来回忆说：“在上海六年的流浪生活不堪回首。……我和岸青除了没有给资本家当干儿子和偷东西以外，三毛（电影《三毛流浪记》中的主人公）其他的经历我们都经历了。”

1936年6日，党组织终于找到毛岸英兄弟，他们辗转被送往苏联的莫尼诺第二国际儿童院。在这里，由于学习成绩优异、能力突出，毛岸英担任过少先队队长、团支部书记、伊万诺沃市列宁区团区委委员等。

毛岸英有着伟大的国际共产主义精神。1941年，德国法西斯武装侵犯苏联，毛岸英决心上苏联战场，经过多次请求，被批准进入多所军事学校学习。毕业后，毛岸英如愿以偿参加前线战斗，辗转白俄罗斯、波兰等国家打反击战。战争中，他英勇顽强，晋升为上尉。

1946年1月，毛岸英回到了祖国延安，见到了阔别18年的父亲毛泽东。不久，他听从父亲的意见，到吴家枣园向农民们学习怎样种地开荒，上中国的“劳动大学”。半年后，与乡亲们同甘共苦的毛岸英已经是满手老茧。1947年3月，毛岸英到山西临县郝家坡参加土地改革的试点工作，他访贫问苦、总结土改经验，在笔记本上写下了一首顺口溜《鞋下土一层》“郝家坡土改两个月，人问我最贵何所得？是不是金，是不是银，是不是地位和美名？我说一样也不是，却是那鞋下土一层……”

毛岸英和父亲的合影

在北平、南京、上海等地解放时，毛岸英和战友们采取人工排雷的方法，手挽手、肩并肩，排成横队一步一步走，保证了大部队的安全。

毛岸英凡事严格要求自己，他在日记中曾写到“我从不希望由于我是伟大领袖毛主席的儿子，而受到特殊照顾，被‘另眼看待’。”对于亲友，他关心照顾，却恪守原则，不徇私情。在一封给亲人的信

毛岸英和战友们在一起

毛岸英的结婚照

中，他写道："新的时代，这种一步登高的'做官'思想已是极端落后了……新中国之所以不同于旧中国，共产党之所以不同于国民党，毛泽东之所以不同于蒋介石，毛泽东的子女妻舅之所以不同于蒋介石的子女妻舅，除了其他更基本的原因以外，正在于此。皇亲贵戚仗势发财，少数人统治多数的时代已经一去不复返了。靠自己的劳动和才能吃饭的时代已经来临了。"

新中国成立后，毛岸英与烈士刘谦初的女儿刘思齐结婚。1950年8月，他到北京机器总厂工作，白天到车间和工人师傅们干最脏最累的体力活，晚上组织俄文学习小组，利用业余时间，教青年工人学习俄语。

1950年9月朝鲜战争爆发，毛岸英长久做群众工作的计划被打断了。党中央决定抗美援朝，毛岸英主动报名参加志愿军，在志愿军总部担任彭德怀的秘书。11月25日，美军轰炸机轰炸志愿军总部，正在作战室签收机密电报的毛岸英牺牲在熊熊火海中。

毛岸英牺牲时，年仅28岁。

毛泽东听到毛岸英牺牲的消息，沉默了很久，他把对儿子的爱深深地埋藏在内心，对前去劝慰他的工作人员说："革命战争，总要付出代价的。岸英是中国人民志愿军的一位普通战士……不能因为他是我的儿子，就不能为中朝两国人民的共同事业而牺牲，世上哪有这样的道理呀！哪个战士的血肉之躯不是父母所生！"

（李　丽）

“少年英雄”

——毛楚雄

毛楚雄是毛泽覃的儿子、毛泽东的亲侄子，母亲周文楠是共产党员，毛楚雄出生在1927年蒋介石上海发动了“四一二”反革命政变后形势十分严峻的长沙松桂园小巷古楼里。1928年初，周文楠被国民党反动派逮捕入狱。由于叛徒告密，刚生下半年的毛楚雄也被关进监狱，和母亲一起坐牢。由于遭受敌人严刑拷打和非人虐待，母子都患上了重病，孤苦的外婆周陈轩好不容易请人担保才将奄奄一息的小楚雄接出来求医治疗，总算保住了他的这条小命。在凄风苦雨的岁月，周陈轩抱着小外孙，艰难度日，受尽煎熬。周陈轩在白色恐怖下仍坚持为党工作，抚养革命遗孤。为使楚雄受到良好的教育，8岁时他被送到长沙市立第十三小学读书。

毛楚雄少年时的照片

1935年冬，周文楠从被敌人包围的红军游击区潜回长沙家中，当她掀开门帘时，看到一个瘦弱的男孩，情不自禁地噙着眼泪呼喊着“楚雄”。楚雄抬头一看，怔在那里不知所措，周文

毛楚雄和母亲、外婆在一起

楠抱住他，泪水夺眶而出。外婆见到女儿回来，悲喜交加，对小楚雄说："乖乖，快叫妈妈，她是你妈妈呀!"楚雄这才在妈妈的怀里失声大哭起来。周文楠抚摸着儿子的头，哄他别哭。周陈轩告诉女儿："因闻润菊(毛泽覃字)被害，我不敢告诉楚雄。只是在夜里偷偷哭泣，哭肿了眼睛，终于被他发现。他再三追问，我这才告诉他，他爸爸毛泽覃为革命捐躯的事。小楚雄失声痛哭，说长大了要去打反动派为爸爸报仇!"周文楠发现小小年纪的儿子沉默寡言，透露出一种执着追求的韧性。

1937年"七七"事变后抗日战争全面爆发，国共实现第二次合作。当时，日机常对长沙城狂轰滥炸，老百姓伤亡惨重，毛楚雄的生命安全受到严重威胁。中共湖南地下省委指示有关人员把毛泽覃的亲属送到韶山，那里比较安全。于是毛楚雄便和外婆周陈轩、舅舅周自娱一起迁居韶山，与妈妈周文楠一道生活。

毛楚雄回到故乡韶山时已10岁。周陈轩见毛楚雄渐渐懂事了，便常给他讲他大伯父毛泽东、二伯父毛泽民心忧天下，为国而忘家，献身革命的故事；讲姑姑毛泽建、大伯母杨开慧、父亲毛泽覃为了革命抛头颅、洒热血的英勇事迹，使楚雄从少年时代起就受到革命的熏陶，立下了革命的志向。

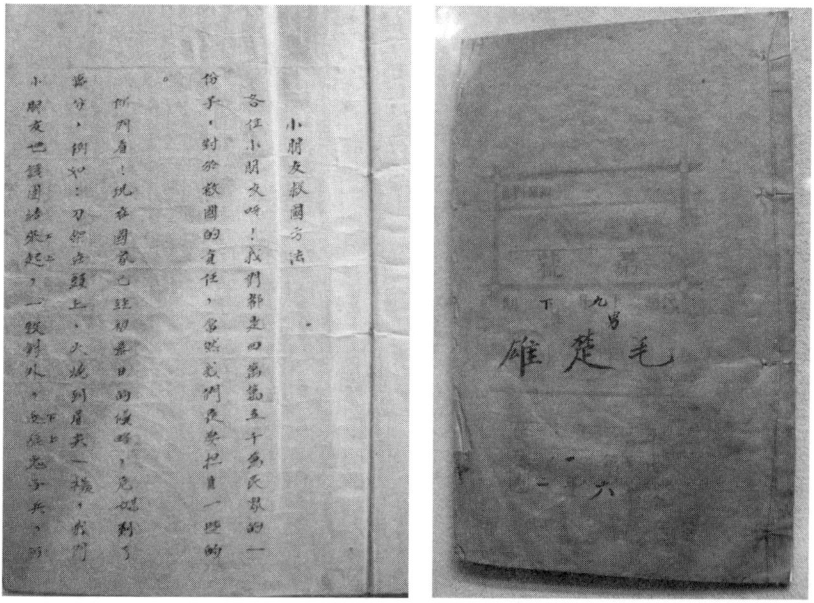

毛楚雄的作业本

毛楚雄读过的书籍

在家乡父老乡亲的关怀、呵护下，毛楚雄先后在毛氏宗祠初小和韶山狮山(后改名思三)高小就读。毛楚雄聪明伶俐，学习刻苦用功，学习成绩优异。当时高级小学的地理、自然、历史、算术、国语等课本他都能背出来。尤其是他的写话(作文)，思想敏锐，下笔成文，一挥而就，且文字精练、语言生动，深得老师赞赏，连县政府的督学也称他为“非凡之才”。13岁读书留下的作文，就表现出改革社会、抗日救国、挽救民族的崇高理想。

在“《小朋友救国方法》”一文的开头，他写道：“各位小朋友呀！我们都是四万万五千万民众的一分子，对于救国的责任，当然

我们是要担负一些的。”

在“《试述各人的志愿》”一文中，首先破题曰：“人生宇宙之间，必须要做一件轰轰烈烈的大事业，才不至辜负那抚养我的双亲及教育我成长的师长。”结尾述志“我也想做一个改革社会的人物，为国效力，推翻侵略者，让世界变为和平的世界。”

他在“《抗战救国》”一文中写道：“我们现在抗战是为什么呢？一是因为暴日之侵略，忍无可忍而战；二是为全人类的公义而战；三是为了要夺回全世界人类的公理而战……我们虽然失去了一些地方，将士们，我们不要抱着悲观，应该为国家努力，应该为祖国争光，把鬼子赶出中国去，收复失地，最后胜利总是我们的。”在作文中，他认为抗日和建国必须紧密结合起来，“要抗战才能建国，要建国必须抗战”，提出“在前方的应该努力作战，在后方的应该努力读书和宣传。建筑新的中华民族”；并很有见地地指出：“前程的路，不是平坦的，崎岖艰难，多鬼多魔，所以要在这青年时代，努力向前猛进，千万不要做事虎头蛇尾，青年要想达到成功的目标，非要吃苦不行!”这些文章细细读来，真让人拍案叫绝。

在延安的毛泽东得知三弟遗孤被接回韶山的消息，十分关心他的成长，多次寄钱以补生活急需，并写信勉励他爱劳动、爱祖国。毛楚雄热爱劳动，经常上山砍柴，帮大人做家务事，还跟当地农人学插秧、割禾等许多农活。

1944年11月，中央军委命令八路军三五九旅旅长兼政治委员的王震率三五九旅一部，组成八路军南下支队，挺进湘粤赣边，开辟新的抗日战场，为即将对日举行大反攻作准备。1945年8月，因形势变化，王震奉命率八路军南下支队北返陕北。当王震率部途经湘潭时，刚满18周岁的毛楚雄找到王震，第一句话就是：“王司令，我是毛泽覃的儿子，我跟您的部队去延安我伯伯那儿！”王震有些惊诧，自己出生在浏阳，早年在长沙铁路上当工人，参加工人运动时就认识毛泽东、毛泽覃兄弟，而且关系甚好，从来没有听说

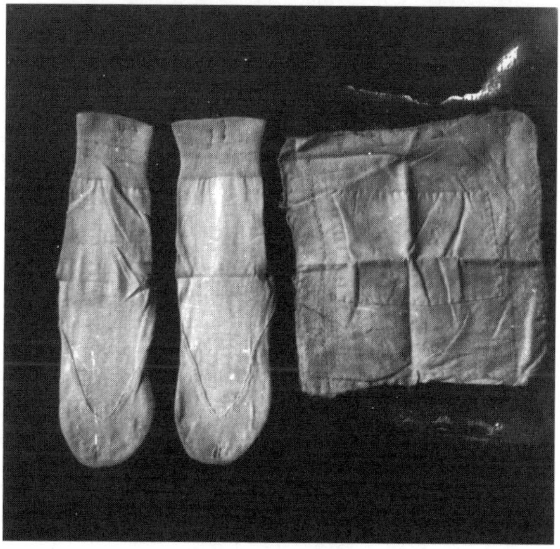

毛楚雄穿过的衣服

毛泽覃还有一个儿子在韶山。为慎重起见，王震随即派人通过韶山地下党组织调查这件事。结果是确凿无疑：毛楚雄是毛泽覃的儿了、毛泽东的亲侄子。王震便致电毛泽东报告这件事情。毛泽东回电，嘱咐王震将毛楚雄带到延安。9月，毛楚雄告别外婆和舅父，离开家乡，随南下支队开赴陕北。毛楚雄被编在教导团第四连，他年纪小，体质弱，但意志坚强，行军时从不叫苦，和大家一样扛枪背被包，还要背足7天干粮，同志们要帮他背一些，他总说：“我年纪轻，多背点，没关系。”行军到了宿营地，他总是学着老同志，抢着挑水、打扫卫生。

到中原军区后，王震先将毛楚雄放在军区政治部宣传队做宣传员，稍后，和彭德怀的侄子彭启超、王震的侄子王平一道被安排在司令部电台学习收发电报，由其堂叔——军区政治部干部毛泽普负责照管。

1946年6月26日，国民党当局悍然撕毁停战协定和政协决议，大举围攻中原解放区，揭开了全面内战的序幕，中原军区主力部队突破国民党军队的重重包围，进行战略转移，史称“中原突

围”。7月16日，中原局在淅川县王窑镇的一个树林里召开会议。讨论如何贯彻中央指示，积极在敌后创建根据地的问题。在中原局会议临近结束时，毛泽普带着毛楚雄来到会议室，向李先念和王震报告：“我就要下团队，上前线了，那地方不安全，小毛怎么办？”王震说：“让小毛跟我走！”在枪林弹雨中突围是一件非常艰苦、危险的事，既要快速急行军，又要准备随时投入战斗。王震吩咐警卫排长黄英成找来一匹马和一支枪，交给毛楚雄。自那以后，在王震的警卫排里就多了一个聪明精干的警卫员——毛楚雄。

突围部队到陕南商洛后，国民党邀请派代表到西安去谈判。中原军区领导知道这次“和谈”是国民党反动派玩弄的又一个花招，但考虑到谈判代表是和平使者，又是国民党邀请的客人，沿途不至于出现大的波折，遂决定毛楚雄以首长警卫的身份，与张文津、吴祖贻组成谈判小组前往西安。楚雄想到到西安后就能通过八路军办事处上延安，见到日夜思念的大伯，心情格外激动。8月7日，他护卫着首长从镇安县杨泗庙出发了。然而，反动派是从来不讲信义的。8月10日，谈判小组行至宁陕县东江口，即被国民党驻军第六十一旅一八一团扣押。第一战区司令长官胡宗南惟恐中共和谈代表到西安后揭穿“中原战祸”真相，遂下令一八一团团长岑运应，将扣压的中共代表“就地秘密处决”。当天夜里，毛与两位首长和一位带路的农民，被活埋在东江口城隍庙后石坎下的水渠旁。毛楚雄牺牲时还未满19岁！

（刘湘平）

中共韶山特别支部首任书记

——毛福轩

毛福轩，号恩梅，1897年4月29日出生在湖南省湘潭县韶山冲的一个贫苦农民家里。年幼的毛福轩曾随父母沿途乞讨到南京、江阴一带。回到家乡后，靠做长工、打短工、砍茅柴卖钱过日子。尽管他拼死拼活，也难养家糊口。穷困的生活把他磨炼得意志坚毅，性格刚强。

1922年秋天，经毛泽东介绍，毛福轩来到长沙，在中共湘区委员会主办的湖南自修大学附设补习学校当勤杂工，半工半读。他工作勤勤恳恳，任劳任怨；学习上兢兢业业，刻苦认真，常得到学校师生的称赞。

毛福轩

1922年下半年，湖南工人运动蓬勃发展，毛福轩满腔热情投入了斗争。他受毛泽东派遣，到江西安源煤矿和毛泽民一起开展工人运动，接受革命斗争的锻炼和考验，曾担任安源路矿工人消费合作社的营业员。在此期间，经过党的教育和培养，他光荣地加入了中国共产党，踏上

安源照片

了为共产主义奋斗终身的崭新征程。

1924年底，毛福轩受上级党组织派遣，从安源回到韶山，在家乡开展工作。次年2月，毛泽东亦从上海回到韶山，一面养病，一面开展农民运动。毛福轩喜闻毛泽东还乡，迅速向毛泽东汇报了有关情况，并提出许多问题请教。当他听到毛泽东决心在韶山开展农民运动时，心中十分高兴，立即表示，愿作韶山“农运”的带头人。从此以后，他成了毛泽东开创韶山农民运动的得力助手。遵照毛泽东的部署，毛福轩利用韶山农村走亲访友的风俗习惯，到一些亲戚朋友和左邻右舍家里串门，由近而远，广泛地接触群众，了解他们的生产、生活情况，向农民宣传革命道理，动员他们团结起来同帝国主义、土豪劣绅作斗争。通过毛福轩艰苦细致的工作，在很短的时间内，团结了一批苦大仇深的农民和贫苦知识分子。三月间，他家所在的龙豹湾首先成立了秘密农协，这是韶山20余个秘密农协中最早的一个。

为了使更多的农民接受革命教育，扩大宣传，把农民进一步发动起来，根据毛泽东的指示，毛福轩充分利用当时的平民教育运动进行活动。他以农民夜校为阵地，宣传革命道理，启发、教育农民。

他讲课通俗易懂，语言亲切感人，深受夜校学生的欢迎。他还参加宣传队，演文明戏，利用各种形式来启发农民的阶级觉悟。由于毛福轩等人的积极工作，韶山的广大农民和革命知识分子逐步组织起来了。四月间，创办了十多所农民夜校。随后，创建了中共韶山支部，毛福轩为第一任党支部书记，并规定党支部的秘密代号为"庞德甫"。同时，还成立了公开性质的反帝爱国组织——湘潭西二区上七都"雪耻会"，毛福轩是执行委员之一。至此，韶山农民运动，既有领导核心，又有秘密和公开的群众组织；既有号召群众的鲜明旗帜，又有组织群众活动的合法场所，为开展反帝反封建的斗争奠定了基础。

党支部通过"雪耻会"领导的反帝爱国宣传活动，在韶山一带农村产生了很大影响，触动了平日不可一世的大土豪成胥生。他预感到一场革命的大风暴即将来临，于是，百般阻挠，暗地破坏农民运动。面对这种复杂严峻的局面，毛福轩遵循毛泽东的指示，召集党支部会议，讨论对策，决定利用赵恒惕政府的教育法中关于所有地方教育机构负责人，任职一定期限以后必须进行改选的规定，发动进步教师民主选举教育会和学委会负责人，把教育行政权和经济权从土豪劣绅手中夺过来，以保障农民运动的顺利发展。经过充分的准备工作，7月30日，在郭氏祠召开了上七都教育会学委会会员大会，通过针锋相对的斗争，终于改组了教育会和学委会，夺取了教育权，使各校的领导权都掌握在共产党员、共青团员及进步教师手中，从而保护了农民夜校的活动，促进了农民运动的发展。这次斗争后，凡有秘密农协的地方，就有农民夜校，全韶山有20来所农民夜校可供秘密农协活动了。

在毛泽东领导下韶山农民运动的蓬勃发展，引起了地主豪绅的仇恨和恐惧，他们来到长沙，请反动军阀赵恒惕捉拿毛泽东，并密令湘潭县反动武装来到韶山。8月28日，在毛福轩和韶山农民的掩护下，毛泽东脱险离韶，前往广州，主办广州农民讲习所，至此领导韶山农民运动的重担完全落到了毛福轩的肩上。他秘密成立了乡民协会20余处，同时派遣钟志申在银田寺创办“知行合践社”，建立党的秘密交通联络点，开辟西二区下七都的农民运动，使党的队伍不断扩大，到1925年底，上七都党员已发展到110多人，成立了中共韶山总支委员会，毛福轩任总支书记。

1927年，国民党先后发动了“四一二”事变、“马日”事变等一系列反革命政变，大肆逮捕、屠杀共产党人和革命群众。在此期间，韶山党组织也遭到了严重破坏。在这一片白色恐怖之下，毛福轩仍然无所畏惧，过着“青草为席、石洞而眠”的艰苦生活，白天隐藏在韶峰下的大石洞里开会，晚上才出来活动，联络同志，坚持党的地下斗争。

1929年，经上海地下党员介绍，毛福轩化名毛恩灏，打入国民党金山县公安局，当了一名警察。不久，又相继提升为金山县各机关联合办事处专员、金山县公安局第三分局局长。他利用工作和职务上的方便，为党搜集情报，救护革命同志，提供枪支弹药，积极开展地下斗争，机智勇敢地战斗在敌人的心脏里。

1933年初，上海地下党组织遭到严重破坏。由于淞江中心县

马日事变

"四一二"事变

委负责人叛变投敌，毛福轩的真实身份被敌人发觉。2月27日，国民党中央党部调统室派遣特务，会同上海警察局督察处在金山县诱捕了毛福轩等人。

1933年5月18日凌晨，敌人把毛福轩绑赴南京花雨台东侧行刑，临刑前，毛福轩高呼口号："打倒国民党！""共产党万岁！"从容就义，时年36岁。

几年后，毛泽东在延安得悉毛福轩为党捐躯的消息，曾感慨地说："一个农民出身的同志，学习和工作那样努力，一直到担任党的省委委员的工作，是很不容易的。"1959年6月，毛泽东回韶山，在接见毛福轩的爱人贺菊英时还说："毛福轩同志为革命牺牲是光荣的。"

（王 健）

“信念之魂”

——钟志申

韶山毛泽东同志纪念馆珍藏着两幅油画，名为“韶山建党”，描绘了1925年6月毛泽东在韶山建立党的基层组织——中共韶山特别支部的情景。这个支部，是韶山最早的党支部，也是中国农村最早的党支部之一，由书记毛福轩、党员庞叔侃、钟志申、李耿侯、毛新梅等五人组成，人称“韶山五杰”。

钟志申，又名振响，1893年6月8日生于韶山钟家湾（今属韶北村）一个农民家庭，父亲钟福德务农，有田60亩，家境殷实。

钟志申

1901年，钟志申与毛泽东同在南岸私塾启蒙，后转清溪寺小学读书，两年后停学在家务农。他读书时间不长，但学习非常用功，颇有胆识。他外表文秀，却个性刚强，嫉恶如仇。1918年，他带领家乡几十个农民，毅然闹起了反抗地主成胥生强迫农民预缴20年“烟灶捐”的斗争。斗争失败后，他离家出走江、浙一带，为谋生计曾去当兵，后因不堪打骂逃回家，并将全家搬到杨林的汤家湾，以种田为主，兼营一点小生意。1925年春，毛泽东回到韶山，点燃了家乡“泥腿子们”的革命火种。钟志申闻讯后，马上赶到南岸上屋场，少年学友久别重逢。毛泽东详细询问了钟志申的情况，从田里收成到家里生活，从地方民情到个人遭遇……推心置腹的沟通引发了无穷的感慨，钟志申更增加了对毛泽东的敬慕。在毛泽东的启发教育下，钟志申逐渐认识到“像自己这样的家庭尚且难以维持，那些上无片瓦，下无插针之地的贫苦农民不革命就更无法度日了”，觉得“这样的世道必须改变”。从此，他积极地投入到农民运动中去。

韶山建党（油画）

韶山建党（油画）

回到家后，钟志申深入访贫问苦，秘密发动和组织农民。在他的努力下，1925年3月，杨林汤家湾一带很快就建立了秘密农协。“五卅”运动后，为了使秘密农协公开开展活动，进行合法斗争，在

毛泽东的指导下，钟志申又和李耿侯、庞叔侃等小学教员，办起了农民夜校，建立了爱国群众组织“雪耻会”。5月初，钟志申等“雪耻会”会员又加入了毛泽东帮助创建并任常务委员的国民党湘潭第七区党部，分管组织和宣传工作。在毛泽东的亲自培养教育下，钟志申进步很快，1925年6月，他被批准加入中国共产党。

1925年夏天，韶山遭受了罕见的大旱。在这节骨眼上，地主豪绅却乘机囤积居奇，高抬谷米价格，一斤米由六十文涨至一百六十文，并将谷米大量运往湘潭等地牟取暴利。为了解决农民的吃饭问题，韶山党支部决定组织农民阻禁粮食外运，开展平粜斗争，并派钟志申、庞叔侃作为“雪耻会”的代表与成胥生交涉。这天，钟志申、庞叔侃来到成胥生家里，当时，成胥生正以请客做寿为掩护，密谋策划对抗平粜。面对这种情形，钟志申开门见山地说：“现在灾荒严重，青黄不接，老百姓都揭不开锅。你身为一个都的团防局长，要执行孙中山先生的三民主义，解决这个民生问题。我们代表雪耻会，通知你开仓平粜！”成胥生面对钟志申的理直气壮、严词逼人，只好采用缓兵之计，谎称仓里无粮，要求宽限些时日再商量。韶山党支部根据钟志申、庞叔侃掌握的情况，一方面派出侦探人员秘密监视成胥生的行踪，另一方面组织农民作好阻禁准备。不出所料，一天晚上，成胥生派了五条长枪护送，偷偷摸摸把大米稻谷运到银田寺，准备装船运往湘潭。毛福轩、毛新梅等立即率领几百农民，把稻谷全部扣下。然后，钟志申、庞叔侃不慌不忙又来到了成胥生家。钟志申首先揭穿了成胥生的谎言，然后向他摊牌：“答应平粜，雪耻会负责收回谷款；如果不答应，雪耻会概不负责。”这次斗争，取得了完全的胜利，使农民渡过了难关，也大大提高了党支部、“雪耻会”在群众中的威信。

1925年初冬，钟志申受党支部派遣，到下七都从事农民运动。起初，他到银田寺白庙小学当校长，以教书为掩护开展农民运动，发展党的组织。10月，他与成仲青等组织知行合践社，并任经理。

该社对外是印发学生的课本、练习册和“雪耻会”文件，对内却是做党的秘密交通联络工作，为党筹集活动经费。12月，下七都秘密成立了第一区农民协会，钟志申被选为主要负责人之一；年底，成立了中共韶山总支委员会，钟志申被选为委员。

银田寺白庙

1926年3月，湖南军阀赵恒惕被赶走，韶山的农民协会由秘密转入公开，第一区农协会址设在银田寺白庙，正式升旗、挂牌。7月，北伐军胜利进入湘乡、湘潭、长沙一带，推动了湘潭、湘乡工农运动的迅速发展。8月6日，湘潭县农协成立，钟志申作为韶山代表之一出席成立大会。两个月后，第一区农协改选，钟志申被选为执行委员。年底，成立了中共湘潭第一区部委，钟志申当选为部委组织部长。在部委的领导下，第一区农协依靠群众的力量，推翻了土豪劣绅汤峻岩等把持的下七都团防局，夺取团防局的枪支，建立了农民自己的武装——农民自卫队。

1927年3月，中共第一区部委改为区委，钟志申仍任组织部长。“马日事变”后，省总工会和省农协组织各县10万工农武装进攻长沙。钟志申等彻夜不眠，及时传达和贯彻上级的指示，迅速组织韶山农民自卫军参加进攻长沙的战斗行列。后因陈独秀等的错误指挥，要“静候国民政府解决”，工农武装只得停止进攻。钟志申和庞叔侃率领的韶山农民自卫军转移到韶山的大塘湾一带，在湘潭、湘乡、宁乡边区坚持革命斗争。大革命失败后，钟志

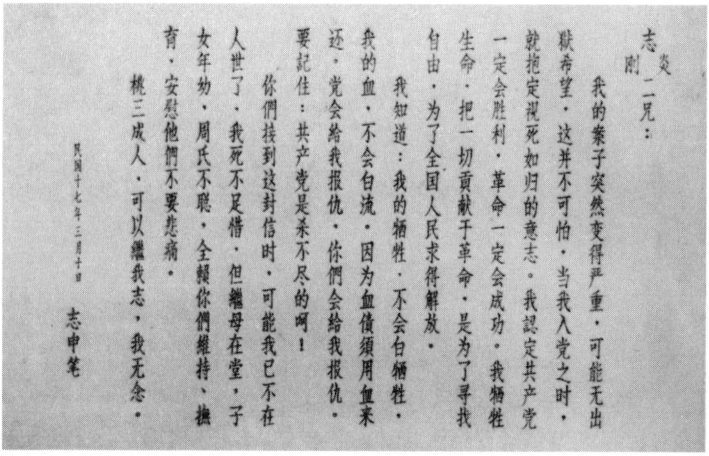
志炎
剛 二兒：
我的案子突然变得严重·可能无出狱希望·这并不可怕·当我入党之时·就抱定視死如归的意志·我認定共产党一定会胜利·革命一定会成功·我牺牲生命·把一切贡献于革命·是为了寻找自由·为了全国人民求得解放·
我知道：我的牺牲·不会白牺牲·我的血·不会白流·因为血債須用血来还·党会给我报仇·你們会给我报仇·要記住：共产党是杀不尽的啊！
你們接到这封信时·可能我已不在人世了·我死不足惜·但繼母在堂·子女年幼·周氏不聪·全賴你們維持、撫育·安慰他們不要悲痛·
桃三成人·可以繼我志·我无念·
民国十七年三月十日 志申笔

钟志申遗书

申根据党组织的安排，在长沙府正街以开京货铺为名，担任了省委交通员，从事党的地下工作。在此期间，钟志申还回韶山与李耿侯等同志组织农民自卫队员和革命青年参加了党领导的军队和武装斗争。

1928年2月12日，由于叛徒出卖，钟志申被国民党逮捕入狱。3月12日，钟志申被杀害于长沙浏阳门外识字岭。家属在收敛遗体时，从钟志申的内衣中发现一封遗书：

……

我的案子突然变得严重，可能无出狱希望。这并不可怕，当我入党时，就抱定视死如归的意志。我认定，共产党一定会胜利，革命一定会成功，我牺牲生命，把一切贡献于革命，是为了寻找自由，为了全国人民求得解放。我知道，我的牺牲不会白牺牲，我的血不会白流。因为血债要用血来还。党会给我报仇，你们会给我报仇，要记住，共产党是杀不尽的啊！

……

志申笔

民国十七年三月十日

这封信的抄件已由烈士的亲属转交韶山毛泽东同志纪念馆珍藏，它充分表达了一个共产党员对党、对人民的无限忠诚，对革命充满信心的崇高精神和坚强意志。

（刘　伟）

“不屈的斗士”

——庞叔侃

大革命时期，湖南韶山涌现出了一大批优秀革命者，庞叔侃就是其中的一员，他是毛泽东亲自培养下成长起来的韶山农民运动的领袖之一。

庞叔侃从小就有远大的报负，认为“人生在世，可不以松柏自勉，造就百折不回之志?!”他曾经毛泽东介绍，前往长沙中共湘区委创办的湘江中学读书，受到了革命理论的教育，接受了马克思主义思想。从此，他追求进步，积极参加省学生联合会的集会、游行和演说等学生运动，成为毛泽东喜爱的学生。

庞叔侃

1925年，毛泽东回韶山开展农民运动后不久，庞叔侃也回到了韶山，在庞氏小学任教，并担任该校校长。他积极参加毛泽东领导的各项革命活动，团结族校进步教师办农民夜校，还发动贫苦农民在那里建立了秘密农协、参加“雪耻会”。从此，庞氏族校也成为了革命活动的重

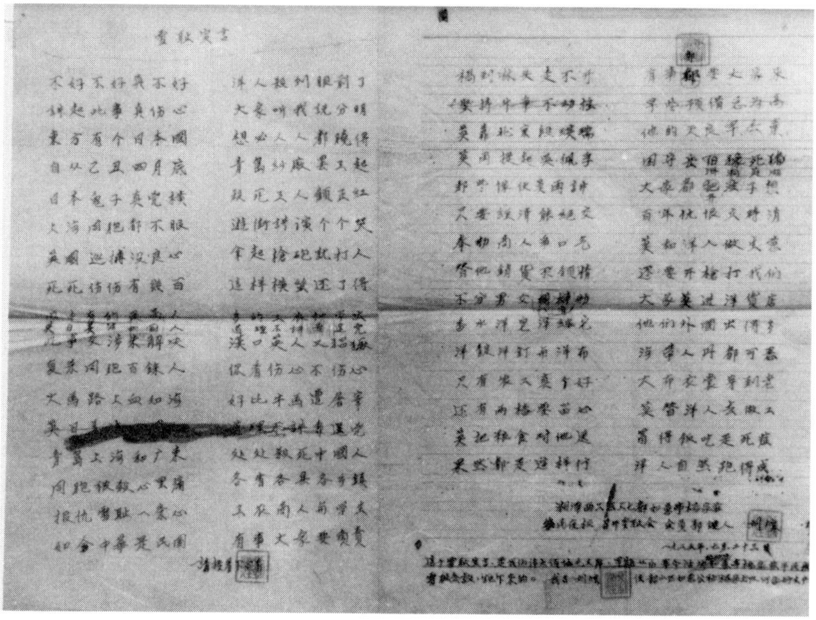

“雪耻会”宣言

要秘密场所之一。

为了鼓励大家积极投身革命，庞叔侃带领“雪耻会”的成员积极开展宣传活动，一时间，反帝宣传遍及大街小巷。这一天，趁着赶墟（赶集）的日子，庞叔侃一行人来到了如意亭，用板凳和门板在墟场上搭了个简易戏台，当街演起了“大戏”。头一出演的是《五卅痛史》，庞叔侃扮演一名工人，理直气壮地同一个日本资本家进行斗争。接着又演了一出《农民苦》，讲的是地主逼租的故事：一个地主在农民秋收晒谷时，带了家丁来收租，把谷场上的谷子都收走了还不够，竟逼着农民将自己的女儿抵租。看着戏，台下的群众愤怒了，不断地高喊：“打！打这狗地主！”这时，庞叔侃站了起来，大声问道：“他剥削穷人合不合理？”“不合理！”听着群众的怒吼，庞叔侃带领着大家高声疾呼：“打倒地主豪绅！”“农民组织起来！”

紧接着，庞叔侃又向大家解说三民主义、地主豪绅和帝国主义的关系，告诉大家：帝国主义就是“洋财东”，是地主豪绅的后台老板，要想打倒帝国主义，就必须组织全体农民，开展斗争，打倒地主豪绅。

“雪耻会”领导的反帝宣传，在韶山一带产生了很大的影响，触动了平日不可一世的团防局长成胥生，他通过教育会和学委会控制了各个学校，企图阻止农民夜校的发展。庞叔侃又组织农运骨干，团结发动正直进步教师与成胥生作斗争，改选了教育会和学委会，夺取了教育权，使当时所有的学校都成为了农民运动发展的中心。

韶山农民运动的蓬勃发展和壮大，引起了反动派的恐慌，整个湖南都被笼罩在白色恐怖之下，韶山的大批革命者也遭到了逮捕和屠杀，1927年9月，庞叔侃在去安源途经淦田时，不幸被捕，押到了湘潭县城。

庞叔侃是湘潭地区有名的农运领导人，县长蒋余先假惺惺地笑着说：“庞先生，听说你是共产党，是不是？”庞叔侃抬眼瞅了他一眼，坚定地回答：“是又怎样？”蒋余先连忙笑道：“好说，你是共产党，我们姑念你年轻，既往不咎。只要你说出湘潭和韶山还有谁是共产党，后面的更好说！”“哼！要找共产党，睁开你的狗眼到处都是，闭上你的狗眼一个没有！”听了庞叔侃的话，蒋余先气得浑身哆嗦，可为了口供，依然咬着牙低声说：“咳，年轻人，何必这么高傲呢！你说出来了，不管你是想升官，还是想发财，一切都包在我身上！”“年纪轻骨头不一定软！”庞叔侃说着抬脚就往外走。蒋余先连忙抓住他的袖子：“急什么呢？你看，你才20多岁，年轻着呢！你也是上有老下有小，你不为自己想，也要为他们想想嘛……你难道就不怕死？”庞叔侃冷笑着说：“共产党的名册我知道，可老子绝不会告诉你！老子要是想升官发财就不会干革命……死？落到你手里，老子就没想过活！为了革命死，我心甘情愿！”说罢怒瞪着蒋余先。蒋余先恼羞成怒地吼道：“好你个姓庞的，我看你是敬酒不吃吃罚酒！给我押下去狠狠地打！”几个敌人冲了进来，将庞叔侃押走了。在狱中，庞叔侃受尽了敌人的种种酷刑，却始终咬紧牙关，毫不动摇。

家人听到庞叔侃被捕的消息后，焦急万分，他的哥哥通过多方联系，来到了县监狱，看着遍体鳞伤的弟弟，不禁泪流满面。庞叔侃挣扎着爬起来，安慰他说："大哥，莫难过。干革命，就是要流血、死人的！你们一定要坚持下去，革命一定会成功的！"并偷偷地暗示哥哥，回去后设法将他收藏的两支手枪交给革命同志。

1927年10月27日，年仅22岁的庞叔侃被杀害于湘潭十七总柳林巷。后来，韶山人民为他立了一块墓碑，上书："革命光荣，永垂不朽！"

（李　瑛）

“乡村大夫”

——毛新梅

清晨，一声高过一声的撕心裂肺的哭喊打破了原本宁静的韶山冲，空气里弥漫着一丝丝血腥。哭声是从韶山毛氏宗祠里传出的，此时的宗祠前有人正在忙碌着，更多的人在掩面哭泣，场中平地上停放着一具伤痕累累、血迹斑斑的遗体，在他的一旁一位妇女一边哭着，一边为他整理仪容，几个孩子紧紧地抓着妇女的衣角，看着悲痛欲绝的妇女和躺在地上一动不动的男子，只知道用嚎啕大哭来驱散心中失去亲人的恐惧。这一切的悲痛只为失去这位深受大家热爱和尊敬的烈士——毛新梅。

毛新梅

毛新梅名泽澍，号锡绝，字新梅。其父亲是一名乡村大夫，尽管家境贫寒，却还是送他读了六年私塾，并带他学医。聪明、好学的毛新梅在父亲严格的教育下逐渐成长为一名深受大家爱戴的乡村医生。

毛新梅和毛泽东是同族兄弟，毛泽东总是亲切地叫他“新梅六哥”。1923年春节期间，毛

安源路矿照片

泽东从安源回到韶山，在闲谈中同毛新梅说起了安源工人为争取工钱举行大罢工运动，还提到安源工人缺医少药，并透露出希望找几位帮手的想法。考虑到毛新梅上有年老多病的父亲，下有5个年幼的孩子，毛泽东不好直接向他开口，没想到的是，当听到毛泽东的想法，毛新梅没有丝毫犹豫，一口答应了下来。

抵达安源后，毛新梅深深为矿工的苦难生活而震惊。他原以为通过罢工，工人们的生活会得到改善，但是长年累月过度的体力劳动，恶劣的工作生活环境，再加上医疗资源的极度匮乏，工人的生活甚至比不上穷苦的农民。他更加关注工人们的生活了。在安源路矿工人消费合作社当店员的毛新梅结束工作后，总是会下到工棚里帮工人看病或翻山越岭去采集草药，尽一切可能为工人解除病痛的折磨。除此之外，他还协助毛泽民、毛福轩开展工人运动，积极参加党领导的罢工斗争。

1925年初，因父亲病危，他赶回家。回家后他将在安源的所见所闻告诉了李耿侯、庞叔侃等进步教师，使大家懂得了组织起来勇敢反抗压迫的道理。2月上旬，毛泽东回到韶山开展农民运动，毛新梅又义无反顾地投身其中，成为了毛泽东的得力助手。

一天，韶山铁陂桥一个姓谭的人病逝，聚集了很多人，毛新梅借此机会向大家说到:“谭大哥曾对我说:‘我这一辈子不行，只能等来世翻身。’可是我们为什么要等来世呢？我们这些活着的人，就要在活着的时候翻身……”“新梅六哥讲得好，”毛泽东紧接着说:“我们是到了翻身的时候，我们不但要把地主推下去，而且要把‘洋财东’（帝国主义）推下去……”听了他们的话，台下的听众群情激奋，希望能跟地主豪绅作斗争。毛新梅从这件事中看到了农民群众反抗的意识，于是向毛泽东建议像安源那样建立秘密组织，并利用行医之便在穷苦农民中进行广泛宣传，号召大家加入秘密农协。接着，他又协助创办农民夜校、加入平粜阻禁斗争、指挥开展禁烟禁赌等运动。此时的毛新梅在农民运动中得到了充分的锻炼，之后他又积极投身于北伐战争中。

1927年，上海、广州、长沙相继爆发反革命政变，革命形势急转直下。一天晚上，毛新梅潜回韶山，准备重新组织党员和群众，由于原有的同志都已经隐蔽、转移，联络工作十分困难，疲惫的他悄悄回到家休息，不幸由此降临……

第二天清早，一位邻居来串门，恰好撞见了准备出门毛新梅，惊讶地说:“你真是吃了豹子胆，外面风声那么紧，敌人到处搜捕你呢！你还敢回来？我正想让嫂子提醒你多防着点呢！”说完，催着他赶紧走。毛新梅看了看那人，却说:“我看你面色不好，我来给你看看，开副药吃吧。”这位乡亲一直退却，再三劝他快走，可毛新梅却径直取出笔，写了起来。忽然，一个鬼鬼祟祟的身影从门口晃过，毛新梅马上警觉起来，让乡亲快走。乡亲前脚刚走，凶神恶煞的敌人后脚就来到了毛新梅家，他们将毛新梅五花大绑带走，然后绑在了毛氏宗祠的廊柱上。从早上一直到中午，毛新梅受尽了敌人的轮番拷打和审问，却始终咬紧牙关，坚贞不屈。

下午，敌人要把毛新梅带走，许多乡亲不顾敌人威胁，赶来送别。毛新梅的妻子沈淑华哭着将饭一口一口送进他的嘴里，孩子们紧紧地抱着父亲的腿哭喊。可毛新梅仍像往常一样，从容不迫，看着大家大声说："再见了，乡亲们！革命一定会成功！"

敌人将毛新梅带到湘乡县砚池坪，继续对他严刑逼供，却最终毫无所获。6月26日，毛新梅被残忍地杀害，牺牲时年仅41岁。

（李　瑛）

“韶山青松”

——李耿侯

李耿侯（1889—1928），又名勋铭，亦名谷，韶山乡韶北村人。父亲李漱清毕业于长沙法政学校，1909年回韶山后，积极主张废庙宇，办学校，传播文化科学知识，成了一个思想开明的“过激派”先生。李耿侯八岁启蒙，读书十年，后进织布坊织了二三年布，又在衡阳税务局当了两年公务员才回家。1924年，李耿侯开始在韶山永义亭郑氏族校教书，后转入李氏族校。在教学中，他开始选用文化书社印行的平民教育课本，积极推行平民教育。

李耿侯

1925年2月，毛泽东回韶山开展农民运动，李耿侯积极参加并成为组织者之一。根据毛泽东的指示，他开始向好友和学生家长做工作，在李氏族校一带组织秘密农协。为了使秘密农协会员及其他农民接受革命教育，更好地发动群众，他还在李氏族校开办了农民夜校，并承担了部分油灯费、书费。6月，李耿侯加入了中国共产党，不久又以个人名义加入国民党，并被选为国民党第七区党部的下辖区分部负责人之一。

“五卅”惨案后，李耿侯根据党支部的分工，在李氏族校一带以“打到列强，雪洗国耻”为口号，组织“雪耻会”。7月10日，在湘潭西二区上七都“雪耻会”的成立大会上，李耿侯被选为执行委员。8月，韶山大旱，当时正值青黄不接，地主奸商却乘机高抬粮价，李耿侯和弟弟李亮侯等带领李氏祠一带的农民积极参加了毛泽东领导的平粜阻禁斗争。

平粜阻禁（油画）

1925年底，韶山成立了中共韶山总支委员会，李耿侯被选为组织委员。次年4月，在韶山党总支的基础上，成立了中共湘潭特别区委员会，李耿侯仍任组织委员。不久，“湘潭特别区农民协会”在清溪寺召开群众大会，李耿侯被选为执行委员会副委员长兼秘书长，并负责组织梭镖队维持秩序。

在支援北伐军时，李耿侯积极参加了消灭叶开鑫、贺耀祖两股敌人的战斗，并用缴获的枪支同毛福轩等一起开始筹建农民自卫队。不久，区委组织农民协会和自卫队收缴了团防局20多支枪，建立和发展了自卫队，李耿侯任队长。

“马日”事变后，李耿侯等组织成立了“韶山农民自卫军司令部”，带领大家日夜操练，随时准备迎接敌人。一次，他们抓到一个俘虏，了解到城前铺有七八十个敌人的详细情况，李耿侯积极支持总指挥庞叔侃主动出击，自己负责掩护和增援。黑夜里，他们翻山越岭，消灭敌人，夺得枪支，鼓舞了韶山人民的斗志。

1927年6月26日，李耿侯的亲密战友毛新梅被敌人砍头示众，许多同志决心为他报仇，但也有少数人害怕了，想退出革命组织。这件事被细心的李耿侯察觉了，他和庞叔侃、钟志申在望南庵开会，研究了当时的情况，认为在批评教育的同时，对家里需要劳力、确实有困难，特别是不安心的同志，让他们回去，而对留下来的同志就做好思想工作，坚定革命信心。

不久，庞叔侃去湘潭找上级组织，钟志申也调去长沙，自卫军的领导重担就落在李耿侯的肩上。他带领200多人露宿山林，用野菜充饥，辗转战斗于韶山附近的袋子山、西冲山、徐家洞一带。

党在南昌组织起义的消息传来，李耿侯十分兴奋，随即带着队伍试图去江西。路上，遭敌人追击，部队受到损失。他只好指示队伍分散活动，自己也隐姓埋名，来到华容县，同时与家里保持密切联系。不久，李耿侯得知毛福轩回乡组织武装的消息，便马上回到

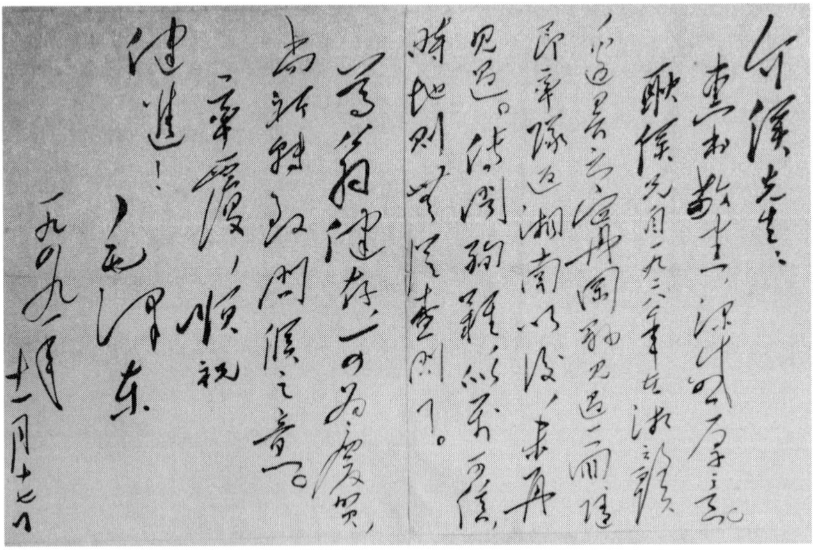
介侯先生：
惠书敬悉，深情厚意。
耿侯兄自一九二八年在湘赣
边界宁冈别后只遇一面，随
即率队回湘南以后，未再
见过。传闻殉难，然未证实，
时地则无从查问了。
尊翁健存，一切为慰，
尚祈转致问候之意。
顺祝
健进！
毛泽东
一九四九年十一月十七日

毛泽东1949年11月17日写给李耿侯之弟李介侯的信

韶山，把埋藏的枪支、梭镖和大刀悄悄取出来，准备把自卫军重新组织起来，参加毛泽东领导的秋收起义。正在这时，他接到上级指示，奉命前往常宁水口山工作。在水口山，李耿侯和当地党组织利用矿警队戒备松懈、力量分散，夺取了矿警队48支枪、4箱子弹。

1928年，李耿侯在井冈山的一次战斗中不幸牺牲。全国解放后，其弟李介侯写信询问毛泽东。1949年11月17日，毛泽东回信："耿侯兄自1928年在湘赣边界之宁冈县见过一面，随即率队返湘南，以后未再见过。传闻殉难，似属可信，时地则无从查问了。"

湘潭县人民政府根据李耿侯的革命事迹，报请省人民政府批准，追认他为革命烈士，以表彰其为革命所作的贡献。

（刘丽丽）

韶山毛泽东同志纪念馆

Shaoshan Mao Zedong Memorial Museum

毛泽东遗物馆

Mao Zedong Relic Museum

第四部分

与毛泽东相关的韶山故事

“杂书”的影响

漆黑的夜里，一灯如豆，13岁的毛泽东坐在床边，手里捧着一本书正在如饥似渴地读着。突然，一阵喝骂传来：

“三伢子，你还不困觉，就知道看这劳什子书，一晚上就要好几文灯油钱！”

这位大声训斥的正是毛泽东的父亲——毛顺生，一个精明能干而又吝啬的生意人。他认为毛泽东没必要学那么多的东西，能

毛泽东少年时代读过的书

毛泽东故居卧室

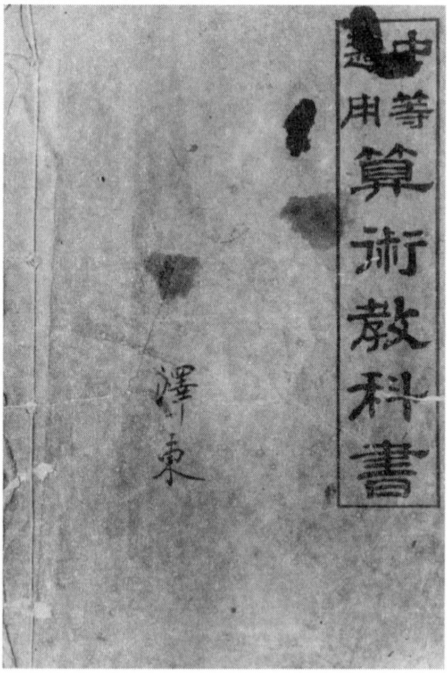

毛泽东少年时代读过的书籍

识字、能帮他记账就行了。

挨了父亲的骂，毛泽东不慌不忙地吹熄了油灯，然后从床上拿了条床单挡在了与父母房间相通的窗子上，再次点亮了昏黄的灯光，继续津津有味地读着……

少年毛泽东（油画）

毛泽东从小就天资聪颖，熟读四书五经，但是他却并不喜欢这些，而是常常偷偷地读被称为“杂书”的《水浒传》、《西游记》、《三国演义》等书。

毛泽东八岁开始入私塾读书，到十三岁就离开了私塾。在后来的时间里，毛泽东白天帮父亲干活，晚上帮父亲记账，只有在夜深人静的时候才能静静地看自己喜欢的书。

小小的韶山冲人口不多，书也就更少了。毛泽东几乎把冲里能借到的书都读完了，于是他把目光投向了他的外祖家。毛泽东小时候在外婆家住了很长的一段时间，他的外公虽然读私塾的时间不长，但酷爱读书，因此家中书还是不少的。

毛泽东在书海里不断地遨游着，而这时的中国正饱受着帝国主义烈火的煎熬。渐渐地，他发现了一个问题，为什么书中描写的都是帝王将相、才子佳人，而没有种地的农民？特别是后来他又读到了一本叫做《盛世危言》的书，这本书提倡改革和技术进步，使毛泽东初次接触到中学为体、西学为用的思想，认为中国应当借鉴西方有用的东西，以拯救中国自己的核心文明。这本书使他深信，必须离开韶山，以学习更多的知识来拯救中国。

不久后，毛泽东听说了长沙的饥民暴动。这仿佛是一记惊雷，震动了小小的韶山冲，毛泽东所有的朋友几乎都站在了暴乱者的一方。他后来回忆说："我始终忘不掉这件事。我觉得造反的人都是些像我自己家里人那样的普通百姓，对于他们所受的冤屈，我深感不平。"

阅读《水浒传》一书时，梁山好汉的形象让毛泽东认识到"造反"这两个字。当时韶山也爆发了一场轰轰烈烈的造反运动，一些由农民组成的"哥老会"成员，卷入了一场同韶山当地一个地主关于交租事宜的纠纷。地主把他的佃农告上了衙门，并且通过贿赂官员赢得了官司，哥老会成员们在一个姓彭的铁匠的带领下举行了暴动。彭铁匠遭到了省政府部队的追捕，躲进了附近的山里。那个地主还散布谣言说："那些叛乱分子举起造反大旗时还杀了一个婴儿来祭旗。"哥老会成员们很快就遭到了围捕，彭铁匠被砍了头。

在毛泽东十七岁那年，韶山发生了粮荒，当地人无米下锅，地主们却趁机哄抬米价，并将粮食运往长沙、湘潭等地高价出售。饥饿而又愤怒的人们喊出了"吃大户"的口号。当时毛泽东的家境也算得上富裕了，他的父亲也就成了"吃大户"的对象。对于父亲，他并不同情，他把这件事情看成了《水浒传》里面的"劫富济贫"。

随着年龄的增长，毛泽东开始注意书本中部分知识的真伪性，并有意识地去鉴别，而他读过的这些书对他思想的形成也起了至关重要的作用，特别是这些所谓"杂书"中的"造反"精神，贯穿了他的整个人生，使得他的身上始终充满着正义的精神，为他在革命中杀鬼子、打倒帝国主义等奠定了很好的基础。

（文　婷）

乐于助人的少年

润之闷闷不乐回到了家里，阿公正躬着腰吃力地推着碾子碾谷，汗水湿透了全身，衣衫没一根干纱，一见润之回来了，老远就打招呼，“我的孙崽子回来哒，哎唷，你何解不高兴喽？”

润之始终不开笑脸，皱着眉毛说：“阿公，咯世道何解穷的咯么穷，饭都冒得吃；富的咯么富，餐鱼餐肉，要人抬扶，还要欺侮冒得的？”

“三伢子，你看见哪个冒饭吃？”

“牛伢子呗。”

“哦，”阿公又问，“你在哪里看见的？”

“他家里冒饭吃，屋里三天冒开火哒，饿着肚子来读书，在课堂里饿晕啦，出冷汗，阿公，好造孽啊。”

这是毛泽东放学回到家后和阿公的一段对话。在关公桥读书时，学生一般都是早出晚归，中午带饭到学校吃。然而每当午饭的时间，毛泽东便发现同学牛伢子就偷偷躲到一角，和同学们隔得远远的。毛泽东便上前关切地询问，这才得知因为牛伢子家里很穷，供他上私塾已经是很为难了，为了给家里减轻负担，他就把午饭的钱都给省了下来。顿时间，毛泽东觉得自己生活在阳光里，而有那么多的人连饭都吃不上，怜悯之心油然而生。于是，毛泽东常把饭菜分给穷苦的同学吃，有时干脆全让出去，自己却忍着饥饿，到傍晚才得一顿饱餐。母亲惊奇地发现孩子吃饭狼吞虎咽，食量倍增，生怕弄出什么病来，便向儿子询问情况。毛泽东知道母亲也是心地善良之人，常接济周边的穷苦百姓。这样，他才悄悄地把事情的底细原原本本地告诉了母亲。得知情况后，母亲眼里噙着泪花，脸上漾着笑意地说道："好崽好崽，从明天起，我就替你装两碗饭带去，免得两个人都吃不饱肚子，没有精力好好学习，但你可不能让你爹晓得哦。"

除了在校期间关心同学之外，在外毛泽东也尽可能地帮助他人。

有一年天寒地冻，冰冻近月，毛泽东在上学路上遇到一个衣着破烂单薄、冻得发抖的同学。得知同学家境贫穷后，他默默为穷同学叹气，想了想后，毅然把自己身上一件半新夹袄脱下来，披在那个同学身上。这事直到第二年春，母亲翻晒冬衣时，发现少了儿子的夹袄，怕自己忘了洗刷收捡，去询问儿子时，毛泽东才告诉母亲送给人家了。母亲得知情况不但没有责骂，反而露出了欣慰的笑容。

在9岁那年的一天，毛泽东在外玩耍，突然发现乌云滚滚，电

毛泽东帮邻居收稻谷（油画）

闪雷鸣，眼看就要下一场倾盆大雨了。毛泽东急忙往家赶，因为父亲催他回家收谷子。心急如焚的他马不停蹄地回家，就在这时，他看见黄老婆婆正一个人艰难地收谷子。毛泽东知道她家的儿女现在不在家，一个人怎么能收谷子呀！他二话没说就帮黄老婆婆收谷子，非常卖力，却忘记了自己家中也有晒着的谷子。在毛泽东的帮助下，黄老婆婆的谷子没有淋湿，但是自己家的谷子淋到了雨了，他被父亲责骂了一通，被骂成了懒孩子。可毛泽东并没为自己过多地辩解。

从这些故事中我们可以看出，毛泽东在童年时代就具备了助人为乐、同情劳苦大众、扶弱助贫的优秀品质，这些品质无形中也是深受其母亲的影响，也正因此，他才能在后来的人生道路上逐渐成长为领导中国革命走向胜利的伟大领袖。

（苏　瑜）

难不倒的读书郎

毛泽东故居西面100米处，有一栋青砖青瓦建筑，四个屋角上都有一个高高的风火垛子，蛮气派。私塾办在了厢房的楼上，只有七八张桌子，这里就是毛泽东的启蒙私塾——南岸。

1902年，已满8岁的毛泽东从唐家坨回到韶山，并在这里开始了他的学习生涯。他从《百家姓》、《三字经》开始，继而读到了《论语》、《孟子》、《中庸》、《大学》。据毛泽东的弟媳王淑兰回忆："邹春培对我的母亲说，三伢子有些特别，他读书从不出声，我给他点书，他就说'春培阿公，你老人家不要点了，省得费累'。邹先生就说，你特地读书，不点书何里要得？他就讲，你不点我也背得。原来先生没有点的书，他也能认得、懂得，因为他开始学会翻《康熙字典》了。读书时，先生邹春培要其填红蒙字，他不填，要自己放手写。而他写得比一般学生照着填写还要好些。他读过的课文都能背诵，并且还能说出个理所然。由于他天资聪颖，不需要先生劳神，所以大家给他起了个诨名

毛泽东在读书

叫'省先生'。"

少年的毛泽东既聪明又调皮，在私塾读书期间发生了一些有趣的故事。一天，临近中午的时候，邹先生因事要外出，嘱咐学生温习功课，不得走动喧哗。等他回来以后，将点读新课——《论语·先进》篇中的《子路曾皙冉有公西华侍坐》章。

毛泽东虽然调皮，可是读书却从不含糊。邹先生走后，他先将昨天学过的课文温习了一遍，然后，便开始预习老师下午将要点读的新课：

> 子路、曾皙、冉有、公西华侍坐。
>
> ……子曰："何伤乎，亦各言其志也！"
>
> 曰："莫春者，春服既成，冠者五六人，童子六七人，浴乎沂，风乎舞雩，泳而归。"

夫子喟然叹曰："吾与点也！……""泳而归"，"吾与点也……"

南岸教室

读到这里，毛泽东又把这个句子重念了两遍，尔后戛然停住不读了。这时，他陡然记起上次学过的一篇课文中的一句话："子曰：'智者乐水，仁者乐山。智者动，仁者静。智者乐，仁者寿。'"他心中暗想："哦，原来孔圣人是赞成门徒们游泳的呀！"

此时，正是午后，骄阳似火，小阁楼上更是闷热得要命，一丝风也没有，稠乎乎的空气好像凝住了。天热得连蜻蜓都只敢贴着树荫处飞，好像怕阳光伤了它们的翅膀。汗水渗透衣背，顺流而下，毛泽东用衣袖揩了一把汗水，拿起课本继续读起书来："……夫子喟然叹曰：'吾与点也。'"

毛泽东眼睛一亮，看来，古时候就有"童子"和"冠者"下河游泳的先例，而孔夫子也很赞同。眼下，天气这么热，我们何不也到池塘里冲个凉？

十几个同学像从笼中放出的小鸟，欢呼雀跃地跑出私塾，脱掉衣服，赤条条地跳进了池塘里，尽情地游了起来，把先生的吩咐丢到了九霄云外。

南岸池塘

南岸外景

邹先生回来后见阁楼空无一人，心里好生纳闷，都到哪里去了呢？他朝窗外一望，却见学生们赤身裸体正戏水弄波，玩得开心。见此情景，先生非常生气，问是谁带的头?毛泽东不慌不忙地说道："是我，不过游泳没错，不是孔夫子也赞成游泳吗？"说完，便拿着《论语》给先生看。邹先生无言以对，知道背书难不倒毛泽东，凡讲过的课文，没有他不能背的，就让毛泽东对对子，对不上再另行惩处。先生出上联"濯足"。毛泽东略作沉吟，便对以"修身"。先生连连点头，也就没有责罚他。

"游泳风波"平息后，一天放学，邹先生随意领毛泽东到一畦菜地里，扯下一把牛皮菜，让毛泽东带回家去，同时交待，第二天一早必须还他一把与牛皮菜能对得上号的菜。毛泽东明白，先生只不过以此讽刺和挖苦自己狂妄自大。于是，他对邹先生说，不用等到明日，只需稍等片刻即可答对。"既然所对之物是蔬菜类，答案必可在菜地寻找！"他稍一思考，随即灵机一动，在菜地旁拔起一蔸马齿苋菜，交给了先生。一向苛刻古板的邹春培，由衷赞叹："'牛皮菜'对'马齿苋'，对得好，对得好!真是奇才，奇才呀!”

毛泽东在南岸私塾读了两年多,学识长进很快。邹春培感到自己已教不了毛泽东,便找到毛顺生,诚恳地说:“润之了不得啊,他的才学比我高,我已经教不了啦。”此后,邹先生每每逢人,便欣喜又不安地说:“润之将来必成大器,小小年纪,学问已非吾辈所能及矣!”

(苏　瑜)

毛氏宗祠的风波

1910年（庚戌年）的韶山春荒连着夏荒，百姓们饿得发昏。韶山冲里绝大多数是毛姓子孙，他们都眼巴巴地指望在毛氏宗祠那百把担积谷上，单等族长毛鸿宾开口，就可以开仓平粜了。可端午都过去了，族长只顾修族谱，对散粮只字不提。

夏初的一天上午，16岁的毛泽东正在土地冲看从表哥那借来的《盛世危言》。忽然，远处传来了锣声，近处的脚步声和呼喊声交织在一起。

毛氏宗祠外景

“快到祠堂里去呀，族长要打承七胡子啦！”

毛泽东吃了一惊，连忙放下书，飞快地跑了出去，上了小路，直奔毛氏宗祠。

承七胡子，名叫毛承文，个子蛮大，胡子很长，脸上起白花，喜欢冲杠子。

一路上，毛泽东边走边想，毛承文，一个勤勤恳恳的作田农民，实在不可能触犯族规呀！正想着，迎面走来了一个掩面哭泣的妇女，哭哭啼啼，踉踉跄跄，仔细一看，正是毛承文的老婆七嫂子。七嫂看见毛泽东，一把拉住他，着急地说：“快！快！快去救老七一条命，族长要打死他哩！”

原来，饥荒之时，族长毛鸿宾为修族谱不肯散粮，对此毛姓子孙都心存不满却不敢言语。毛承文性格强，爱打抱不平，对此事意见颇大。在与族人的争论中，他心直口快，言辞颇激，数次提到要族长将积谷按平价粜给饥民。毛鸿宾知道了，叫族里人收集他的材料，把他的言行都记上。

毛鸿宾派人叫毛承文，毛承文说：“去就去，怕什么！”毛鸿宾对毛承文说：“现在正修族谱，欠了债，祠堂这一百多担积谷，要卖了全部还给人家。”毛承文一听急了，涨红着脸叫着要清族长的经济账目，毛鸿宾便命打手把他抓了，并将他五花大绑到毛氏宗祠。现在毛鸿宾正在集合全族老少，要惩办承七胡子。

毛泽东安慰了七嫂子几句，便直奔毛氏宗祠，只见毛承文被押着跪在地上，毛鸿宾坐在主位牌敦本堂下，前面摆一张案桌，上有惊堂木一块。房子的上栋、下栋都站满了人，族长的三班六行，分站两旁。族长毛鸿宾把惊堂木一拍，钟鼓一敲，提高嗓门说道：“大家听着！承七胡子忤逆不孝、犯上作乱，罪过大得很！给我打！”

站在中厅和下厅的人们，都弄不清事情的起因，有的感到愤怒，有的非常同情，有的则漠不关心，但谁也不敢说话，因为族权和君权、神权是三位一体的，谁也不敢去碰。

少年毛泽东与族长做斗争（油画）

然而却偏偏有初生牛犊不怕虎！

“不能打！”清亮的呼喊声突然在人群中响起，众人十分诧异地寻声张望，毛鸿宾和两个打手也大吃一惊，那两根黄澄澄的竹片，正好高高举起，听到这呼喊声，就像被施了法，定在空中落不下来了。

只见中厅的屋柱旁，一个十分英武的青年，从人群中穿过，大踏步地向上厅走去。挺身而出的正是毛泽东。他那高高的身材，宽宽的双肩，显得十分有力，那隆起的前额，黑里透红的脸庞，炯炯有神的目光，更显得十分沉着、勇敢、坚定。他跨上青石板台阶，走到毛鸿宾面前，回头看了看那两个打手。说也奇怪，那两个凶恶的打手，居然十分顺从，乖乖地放下了竹片。

毛泽东问道：“承文哥究竟犯了什么罪？为什么要打他？”

毛鸿宾十分不悦地板着脸说道：“他以下犯上，吵闹着要平粜积谷，积谷是要还修族谱的账，他竟要查祠堂族里的经济账目。”

祠堂内的人们，十个有九个是等米下锅的，一听是有关积谷的事，十分关注。

毛泽东走到阶檐前面，对大家说："一手遮不住天，千人抬不动一个'理'字，有理走遍天下，无理寸步难行。祠堂积谷本是毛家的人向祠堂交的租，每到青黄不接的时候，遵照祖宗传下来的规矩，族长要把这些谷按平价卖给穷苦人度荒。今年灾荒严重，米价飞涨，毛氏子孙饿得头昏眼花，族长怎么能置毛氏子孙的死活不顾呢？修族谱可缓一缓，毛氏子孙的性命可是在煎熬，缓不得呀！承文哥要求平粜积谷，代表了大家的心声，打不得，而且积谷还要平价卖给饥民，好让他们度饥荒。"

站在上厅、下厅的人们听毛泽东如此说，一哄而起，纷纷点头说道："不能打承七胡子！我们要平粜积谷！""我们都快要饿死了，承七胡子要求得对，族长应该平价卖谷给我们！"毛鸿宾站在案前，讷讷许久没有说话。他原以为整倒承七胡子，就没有人领头闹事了，积谷就卖成了，却没想到碰到如此善于讲道理的毛泽东。看看左右，亲信和打手早就悄悄退到一旁，他是孤掌难鸣，无可奈何，只好向后面摆了摆手，苦笑一声，说："放了承七胡子，积谷平价卖给毛氏饥民。"毛泽东走到香案前，把正感激地看着他的毛承文搀扶起来，给他解开绳索，对大家说："族长既然答应了，大家赶快收拾家伙，来挑积谷吧。"

"好，要得！"大家说着，高高兴兴地走出了毛氏宗祠。

（刘　豫）

舍小家，为大家

这是一个山清水秀的小村庄，这里有一栋非常普通的两家合居的土砖房子，这就是毛泽东的故居。

1921年春节，毛泽东与小弟毛泽覃从长沙回韶山过年，冷清了一年的毛泽民夫妇格外高兴。正月初八，是母亲的冥寿，王淑兰把平时舍不得吃的好东西统统拿出来，做了一桌丰盛的饭菜。晚饭后，全家人围在火塘边，一边烤火，一边聊天。

此前，母亲与父亲先后去世，毛泽东已将小弟毛泽覃接到长沙读书，留下大弟毛泽民在家持家理财。毛泽东对毛泽民夫妇的辛勤

毛泽东教育亲人干革命（油画）

毛泽民烈士

劳动表示感谢，并对自己出门在外、没尽长兄之责表示歉意。毛泽民也对哥哥讲了些家庭的遭遇与困难，毛泽东耐心地听了弟弟的倾诉，然后说："你讲的都是实情。败兵抢东西，日子不好过，不是我们一家人的事，大家都在受苦，国乱民不安生嘛！"

对于大弟，毛泽东十分了解，忠厚老实，做事认真，人也精明，不足的就是读书不多，见世面太少，革命道理懂得有限。面对着通红的塘火，毛泽东语重心长地开导毛泽民："现在，爹娘都死了，屋里只剩下你们两公婆。这些田你们做不了，还要请人帮忙，加上兵荒马乱的，怎么过得下去呀？我的意思是，田，我们不做了，这个家，我们也不要了，把屋里收拾一下，我们都走！"

听到这儿，毛泽民实在坐不住了，急火火地问道："我不种田，哪有饭吃?！"毛泽东趁热打铁："润莲（毛泽民）小时候在屋里搞劳动，没有读好多书，现在离开这个家，跟我出去学习一下，边做些事，将来再正式参加一些有利我们国家、民族和大多数人的工作。四嫂和菊妹子（毛泽建）也都一起走。"

一个是普普通通的农民，一个是心怀天下苍生、不惜抛家舍业的革命者，兄弟二人的心灵在1921年这个寒冷的冬夜发生了激烈的碰撞。尽管大哥讲的句句在理，但对于长期靠辛勤务农维持家计的毛泽民来说，要迈出离开故土这一步，实在太难了！

毛泽东非常喜欢这个吃苦耐劳的大弟弟，对他的劝说也更加耐心："润莲啊，我们不能只想着自己的小家，只顾自己有饭吃，要使全国人民都有饭吃！怎么才能办得到呢？就是走出去干革命！这叫'舍小家，为大家'，那么，我们只得离开这个家了！"

在毛泽东耐心的启发和开导下，"舍家为国"这个理，毛泽民是想通了。但要完全抛弃这个家，心中确实难以割舍，毕竟这些田地、房屋，都是祖上几代人辛苦积攒下来的，其中还有他们夫妻的辛劳。土地、房屋带又带不走，送人又舍不得，都出去干革命，也要为家人留一条后路吧？如果连房屋都送出去，今后回来，连个落脚的地方都没有了。毛泽东最了解弟弟的心思，听了他的一番陈述后，笑着说："这个嘛，好办又不好办。你们若是下了决心，出去就不再回来了，那就田和屋都不要了，这叫做背水一战，置之死地而后生。不过，润莲的考虑也有道理，虽然我们是横下心来干革命，不要这个家了，但总还是有个后方好些，再说革命也需要经费。"话是这么说，但要把祖上留下的家业安置妥当，也不是一两天所能办到的。田给哪个做，屋给哪个住，

毛岸英烈士

都要好好筹措一番。毛泽东想了一下说:“田让给又穷又会做田的人去做,屋就让做田的人住,你作主找人就是了。”毛泽东又嘱咐毛泽民:“凡是过去对我们帮过忙的乡亲,都去打个招呼,向他们告别。再从鱼塘里打些鱼,从家里拿些腊肉,送给左邻右舍和亲戚朋友。父母死了,他们的衣服、被子送给那些最困难的人家。屋里的东西,该送的送,该丢的丢,都处理掉,全都不要了。另外,你们去长沙,不要多带东西,只要带上铺盖和要穿的衣服就行了。东西带多了,就要请人送到银田寺,还要坐船,路费、脚力钱加在一起,等于买了这些东西。”

这一次,毛泽东在家里只住了4天。正月初十,吃过早饭,他就带着毛泽覃、毛泽建先去了长沙。毛泽民按照大哥的要求,迅速处理好家务,不久即带着妻儿到了长沙,从此走上了革命道路。

(苏 瑜)

韶山请客

1959年6月，为准备7月份将在庐山召开的中央政治局扩大会议，毛泽东对河北、河南、湖北、湖南四省进行考察调研。6月24日，在结束了湖北省的考察后，他从武汉来到长沙，提出要回韶山看看。1927年毛泽东回韶山考察农民运动，并向韶山父老发誓“革命不成功就不回韶山了”，至此他离开韶山已有32年。

6月25日，毛泽东乘坐着苏联制吉姆轿车，在副总理兼公安部长罗瑞卿、湖南省委第一书记周小舟、湖北省委第一书记王任重等人的陪同下，回到韶山。下午5时许，汽车在韶山招待所卢家湾一

毛泽东1959年回韶山坐过的苏制吉姆牌轿车

号楼（现韶山宾馆故园一号楼，又称松山一号楼）缓缓停下。毛泽东走下车来，神采奕奕，面带笑容，和前来迎接的当地党政军负责同志、韶山招待所工作人员一一握手。卢家湾是韶山一个小地方，1951年12月，湘潭县人民政府在此建立了韶山招待所，但仅有一栋两层楼房，1958年4月才新建了一号楼。

毛泽东刚进一号楼不久，便要招待所的支部书记毛伟昂去把“山神”找来。“山神”是韶山冲人对地方干部的戏称，而毛泽东要找的“山神”是韶山公社的书记毛继生。毛继生见到毛泽东分外激动，握着他的手说：“1954年我代表家乡人民去看您的时候，您说想回韶山看看，乡亲们日盼夜盼，如今真把您盼来了。”韶山冲里有个规矩，游子归来要由乡亲们为他接风洗尘，请他吃一顿饭。毛继生说出这个想法，毛泽东却连连摆手，“我离家这么多年，欠了这么多人情债，还是由我请大家吃一顿便饭吧”。毛泽东点了一长串的名单，有韶山的老党员也有革命群众，有干部也有老贫农，有烈士家属也有他的亲人朋友，一共四十余人。

26日晚上，毛泽东在招待所请客吃饭，与乡亲们座谈交流。开饭前，毛泽东还讲了几个笑话让大家放松心情。致祝酒辞时，他也没有过多的话语，而是简单、真挚地说了一句：“离开韶山几十年哒，我请列位吃餐便饭，敬大家一杯酒。”边说边离开座位到乡亲们面前，向大家敬酒。当毛泽东来到他少年时代的私塾老师毛宇居身边时，老人很激动，连声说道：“主席敬酒，岂敢岂敢！”毛泽东应

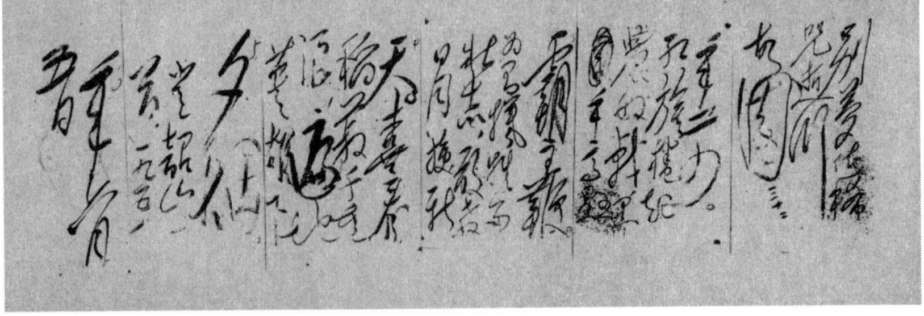

毛泽东手书《七律·到韶山》

声答道:“敬老尊贤,应该应该。”当晚回房后,毛泽东久久没有睡意,他缅怀往事,百感交集,然后作出了那首不朽的诗篇——《七律·到韶山》。

27日中餐后,毛泽东在招待所的前坪与大家合影留念。下午3时许,毛泽东依依不舍离开了韶山。

毛泽东与乡亲们的合影

(张　雪)

拜谒父母墓地

象鼻山，楠竹圫。在毛泽东故居斜对面约1公里远的山上，青松翠竹之间，有一方墓地，墓的两侧立着4块汉白玉石，分别刻有管理公告、墓地简介、泣母灵联和《祭母文》，这就是毛泽东父母的合葬墓。

据《毛氏四修族谱》记载，毛泽东的父母墓"葬韶山南岸楠竹圫，卯山酉向"。卯指正东，酉指正西。

毛泽东的母亲文氏于1919年10月5日病逝，毛泽东闻讯赶回，这时母亲已入棺两天。8日（农历中秋节）晚上，他为母亲守灵，写下了"疾革尚呼儿，无限关怀，万端遗恨皆须补；长生新学佛，不能住世，一掬慈容何处寻？"和"春风南岸留晖远，秋雨韶山洒泪多"两副灵联以及千古流传的《祭母文》。不曾想，他再一次来到父母的墓地已是数十年之后了。

毛泽东拜谒父母墓地

1959年6月25日，毛泽东在罗瑞卿、周小舟、王任重等陪同下，回到了阔别32年的故乡——韶山。

32年离愁别绪，32年故土情思。自

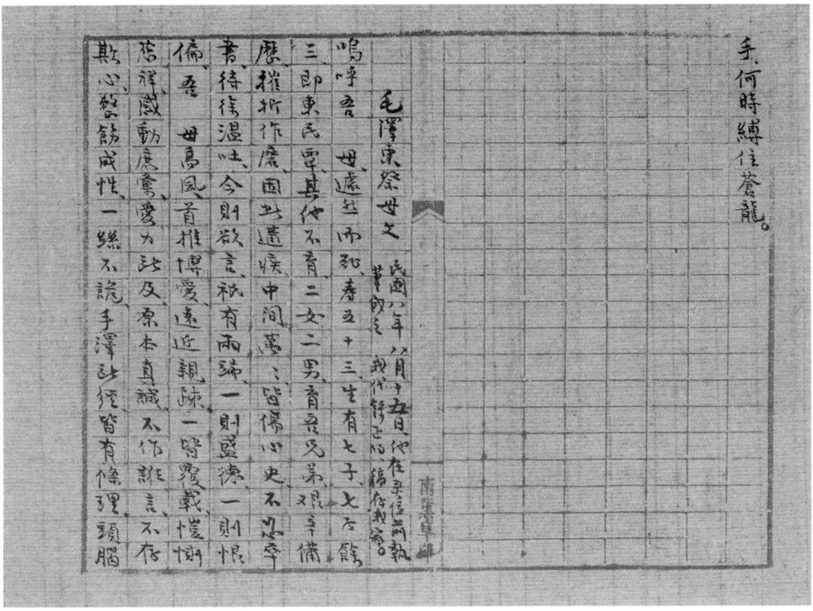

手何時縛住蒼龍

毛澤東祭母文

鳴呼吾母遽然而死壽五十三生有七子七子餘三即東民覃其他不育二女二男育吾兄弟艱辛備歷摧折作磨因此遺疾中間萬萬皆傷心史不忍卒書待徐溫吐今則欲言祇有兩端一則盛德一則恨偏吾母高風首推博愛遠近親疏一皆覆載愷惻慈祥感動庶彙愛力所及原本真誠不作誑言不存欺心整飭成性一絲不詭手澤所經皆有條理頭腦

毛泽东祭母文(手抄版)

1927年毛泽东离开韶山，从此，关山远隔，战事频仍，音讯难继。期间，一有机会毛泽东便打听家乡的事情，同亲朋故旧取得联系。全国解放后，家乡的父老乡亲也多次专程进京看望毛泽东，邀请他回家乡走一走，看一看。直到这一天，他才抽出余暇，投入故乡的怀抱。

当天夜里，这位阔别家乡32年的游子，激动的心久久不能平静。那个晚上，他几乎没有睡觉，与湘潭、韶山的干部谈粮食生产、水利情况，接着又和警卫员杨明聊天，谈家常，最后还批阅文件直至深夜……

次日拂晓，当韶山冲茂密的林子还在静谧中沉睡时，毛泽东便悄悄地起来，独自朝父母安眠的地方——象鼻山楠竹坨走去。他走了好远，随行人员才追上来。

山道崎岖，荆棘丛生，毛泽东健步上山，走得很快。随行人员见既无花圈，又无鞭炮，连忙随手折下几支松枝。

来到父母坟前，毛泽东从随行人员手中接过松枝，轻轻地插在坟头，然后恭恭敬敬地鞠了三个躬，口中喃喃说道：“前人辛苦，后人幸福！”他面对坟墓肃立良久，毛继生问：“主席，要不要把坟墓修一下呢？”毛泽东说：“不要，把它填一下就行了，每年清明节请你们代劳培培土！”

下山途中，他对大家说：“我们共产党人是彻底的唯物主义者，不信什么鬼神，但生我者父母，教我者党、人民、师长、同志和朋友，还得承认。”

故乡的山，故乡的水，故乡的人，故乡的情，酿成了一杯沁人的美酒，让这位阔别家乡的游子深深地陶醉，也让他涌起了对父母的深深思念。

（毛林科）

一张听得见笑声的照片

1959年一个夏日的早晨，勤劳的农民早已经开始了一天的劳作。一位老农忙完了手上活，从腰间掏出烟袋刚想点着，突然发现不远处的田埂上走来一个熟悉的身影。近了，老农不相信似地揉了揉眼睛，喃喃念着："石三伢子…润之…是毛主席！毛主席回来了！"乡亲们听到呼喊，全都扔下了手中的活，朝毛泽东跑了过去。

看到熟悉的乡亲，听到久违的乡音，毛泽东激动不已。他吃农家饭菜、吸普通香烟、讲方言土语、谈生活往事，处处洋溢着浓浓的乡情。26日9时许，毛泽东在拜谒父母坟墓，访问幼时邻居，察看故居上屋场后，乘车去韶山学校。此时，韶山学校600多名师生，早已在校门至儿童桥马路两边列好了队，夹道迎候毛泽东。很多人不时踮起脚跟、伸长脖子望着南岸方向，"毛主席为什么还不来呀！"不一会，小车开至儿童桥前50米处停了下来。几百双眼睛盯住车门，都想第一个看到毛主席。车门开了，毛泽东下车了，少先队大队长蒋含宇和学习委员彭淑清双双走

韶山学校

到毛泽东身前，举手行了少先队礼，同时献上两束鲜花。毛泽东接过鲜花，慈祥地问道："今年多大，读几年级？""14岁，刚上初中二年级。"两人齐声回答。毛泽东满意地点了点头，并鼓励他们："要努力学习，争做三好学生。"紧接着，庞昌成上前同毛泽东握手，国务院副总理兼公安部部长罗瑞卿向毛泽东介绍："这是学校校长。"

两名少先队员跟随毛泽东左右，人群簇拥着毛泽东向学校走去。师生们的掌声、歌声、欢呼声，响成一片，红花、红霞、红领巾，映红着张张笑脸迎接毛泽东。毛泽东一边走，一边挥手向人群致意。当他发现站在校门南侧学生后面的教师李兆棠，年纪稍大，个儿较高，便转身走近跟前握手问道："你是老师吗？"没有思想准备的李兆棠老师不知说什么好，只应答一声"是老师"。

快到校门了，毛泽东驻步，抬头望了望校门上"韶山学校"4个大字，微微地笑了笑。

进了校门，毛泽东站在草坪的一端向四周环顾，看到左右两栋教室入门处白粉墙上端书有"小学部"、"中学部"时，问道："咯是小学，还是中学？""这里原来是小学，1956年开始招收初中班，以后还准备办高中。"学校负责人回答。"噢！原来咯是一所戴帽子的学校（当时小学招收初中班叫戴帽），你们是要搞'一条龙'啰"。继而毛泽东指着两名少先队员说："那你们就是帽子底下的人啰。"说得大家一阵欢笑。

这天天气晴朗，阳光洒满校园，虽是上午八九点钟，但气温却在30℃左右，毛泽东的衬衣微露汗渍。蒋宋仁老师很快搬来一把黄色木靠椅请毛泽东坐，毛泽东握着他的手说了声"谢谢"就坐下了。蒋宋仁老师年纪轻，个头不高，脖子上系一条红领巾。毛泽东问道："你在这里搞什么工作？""我在这里担任学生团队工作。"蒋宋仁回答。"你是学生的头、孩子王，青少年工作很重要。"毛泽东强调着说。

"要不要泡杯茶给主席？"有人问陪同人员。"主席还没吃早饭，很快就走，等下还要和你们照相。”陪同人员回答。一听毛泽东要和大家照相，顿时，整个校园沸腾起来了，师生们纷纷朝指定的地方跑去。不一会，大家在中学部斜坡处排好了队。

毛泽东抽了支烟，起身向人群走去，转过身站在人群前面的正中间。蒋含宇立即走到毛泽东跟前，庄严地行了个少先队礼，解下脖子上的红领巾，踮着脚跟，敏捷而熟练地给主席系上。这时，校

毛泽东与韶山学校师生在一起

园里又响起了长时间的热烈掌声。毛泽东抚摸着胸前的红领巾，和蔼地问蒋含宇："你真的把红领巾送给我啦？""真的。"蒋含宇恳切地回答。接着，毛泽东向大家说："他把红领巾送给我，那我就把它带到北京去了。你们看，我又年轻了，变成少先队员了。"毛泽东生动有趣的谈话，说得满场的人都笑了，毛泽东也笑了。

要离开学校了，师生们依依不舍。毛泽东登上石梯，经花圃小径绕道教室东头往松山走去，师生们有的跟随，有的经教室大门来到走廊欢送毛泽东，个个激情满怀，兴奋不已。毛泽东穿过篱笆门，仍不时回头招手致意。师生们目送毛泽东走远了，心情却久久不能平静。

今天，当我们再度看到这张被诗人臧克家誉为"仿佛听得见笑声"的经典照片时，不禁会想起毛泽东曾经说过的一段话："世界是你们的，也是我们的，但是归根结底是你们的！"

（王雅丽）

铜像传奇

韶山，一个普通、偏僻的小山村，1893年的12月26日，毛泽东不平凡的人生从这里开始。

1976年9月9日，一代伟人去世后，很多游客到韶山缅怀主席时，不约而同地都提出了在韶山塑建一尊毛泽东同志铜像的期望。1990年6月，中共韶山区委依照韶山人民和游客的意愿，向湖南省委提出了要在韶山塑建一尊铜像的请求。

毛泽东铜像

1993年，这个普通、偏僻的小山村，终于迎来了伟人的铜像。毛泽东铜像是由刘开渠、程允贤师徒合作设计的，由南京晨光机械厂铸造。对于铸造毛

毛泽东广场入口

主席铜像，厂内党政领导十分重视，晨光机械厂的领导表示："以一流的设计、一流的工艺、一流的铜材、一流的质量完成铸造任务。"毛泽东铜像高6米，基座高4.1米，寓意主席在位41年；全高10.1米，寓意中华人民共和国10月1日成立，铜像铸造用树脂砂立浇工艺，保证了铜像不变形，并忠于原型。1993年10月26日，铜像铸造完工，举行了验收签字仪式。

1993年11月30日，南京市党政领导准备将铜像荣送韶山，可是没有想到，一辆5吨吊车都无法将3.7吨的毛泽东铜像吊装上车，无奈之下，他们只能拨韶山电话，要求韶山人民自己来接毛主席他老人家的铜像回韶山。

南京距离韶山有1 473公里，湖南省委指示，接回毛泽东同志铜像必须高度重视，确保万无一失。为此，湘潭市委研究制定了简称"122"行动的接运方案。接运人员于1993年11月27日由湘潭出发，11月29日晚上到达南京，定于12月2日返程回韶山，奇怪的是，一直阴雨绵绵的天气，在2号出发前，雨停转多云了。早上7点20分，南京晨光机器厂举行了隆重的欢送仪式，在场的不少人都激动得流下了眼泪。更让在场的人觉得不可思议的是，还是那部5吨重的吊车，毛主席家乡的亲人一到，鞭炮一放，吊车就轻而易举地将铜像吊起，稳稳当当地放在一辆崭新的东风牌140载重汽车上。

毛泽东同志铜像于1993年12月6日上午9时进入韶山市内，公路的两旁站满了欢迎的人群，200多名青年自愿组成车队护送。

10点18分，运送车队缓缓驶入毛泽东同志铜像广场安装地，从四面八方赶来的近万名群众及参观的人们等候在这里，人们流着泪，激动地欢呼："毛主席回来了！毛主席回来了！"整个韶山都沉浸在了欢乐的气氛之中。一位80多岁高龄的毛氏家族老人用手触摸毛泽东主席铜像时，激动得流出了泪水，"真是咱韶山的石三伢子回来啦……"这天下午，韶山市二工程公司和南京晨光机械厂安装工人，紧密配合，用了3个小时，将毛泽东同志铜像稳稳地安装在了像座上。

1993年12月20日，毛泽东铜像揭幕仪式举行，时任中共中央总书记江泽民专程来韶山，揭下长达20多米的红绸大幕。

仰观毛泽东主席铜像，身着中山装，胸前左上衣口袋外挂着"主席"出席证，双手握着文稿，面带微笑而又沉思，正视前方，再现了领袖在开国大典时的风采。置身铜像下，仿佛可听见那洪亮的湘音："中华人民共和国、中央人民政府成立了……"

毛泽东广场瞻仰大道

（毛婉瑶）

后　记

介绍毛泽东生平事迹的书籍很多，学者关于毛泽东主席的研究成果也不少，本书只能算是一朵小花，小小的故事小小的花。

为了更好地发挥博物馆在社会教育中的宣传、教育作用，中国博物馆学会纪念馆专业委员会牵头编辑《中国纪念馆故事》，韶山毛泽东同志纪念馆有幸参与，编写他们所熟悉的故事。在时间紧迫的情况下能顺利交卷，得到了众多文博人的支持和帮助。在此向所有关心和支持本书编写和出版的人们表示诚挚的敬意和谢意！

为本书撰写稿件的是（以姓氏笔画为序）：马琴、王健、王雅丽、毛林科、毛婉瑶、文婷、卢晴、刘伟、刘豫、刘湘平、李丽、李瑛、苏瑜、沈亚迎、陈帅、张旭、张娟、张雪、罗媚、胡蓉、曹慧娴、彭艳、曾洁。

由于编者能力水平有限，书中不足之处，恳请各位同仁和读者批评指正！